Das allerschönste Weihnachtsbuch

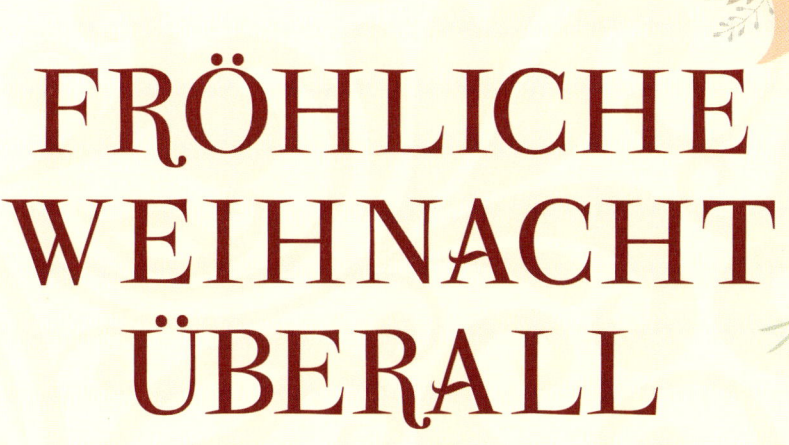

FRÖHLICHE WEIHNACHT ÜBERALL

Das allerschönste Weihnachtsbuch

HERAUSGEGEBEN VON
JOHANNES THIELE

THIELE ✳ VERLAG

Inhalt

Lichter und Geheimnisse

Lichter und Geheimnisse

Weihnachten, das schönste Fest im Jahreskreis, ruft bei manchen Menschen heute Gefühle der Verlegenheit hervor. Wie sollen sie es feiern, dieses Fest der Feste? Dabei ist eigentlich nichts einfacher als das, denn kaum ein anderes Fest blickt auf eine so reichhaltige und vielfältige Tradition zurück. Und Weihnachten ist noch immer das Land, das nur mit der Seele gesucht und gefunden werden kann.

Malerische verschneite Landschaften, winterliche Bergwelten und Tannenwälder, rustikale Bauernhäuser und heimelige Stuben: Die Romantik ursprünglicher Natur und der Zauber des gemütvollsten aller Feste kommen in Mitteleuropa auf besonders glanzvolle und erlebnisreiche Weise zusammen. Unser Bild von der Christnacht in den Bergen ist stark von der Vorstellung geprägt, dass die Bergspitzen hell im Sonnenlicht glitzern, Schneeflocken sich still am Himmel tummeln, hell erleuchtete Fenster in der Nacht schimmern – und dass Gemütlichkeit die friedliche Landschaft umgibt.

Und tatsächlich ist die alpine Landschaft das *wirkliche* und *wahre* Weihnachtsland. Nirgendwo sonst ist die Kraft der adventlichen und weihnachtlichen Traditionen so stark und beharrlich: Unübersehbar sind die Überlieferungen von guten, aber auch von bedrohlichen Wesen, die den Kampf zwischen Licht und Finsternis der Winterzeit seit alters her symbolisieren. Und kein Fest im Jahreslauf dieses Landes ist so abwechslungs- und zauberreich wie Weihnachten, will soviel Hoffnung auf Frieden und Erlösung wecken und ist doch gleichzeitig so menschlich – ja, kindlich – in seinen Freuden und Genüssen.

Diese Vielfältigkeit soll in diesem Buch sichtbar werden. Es ruft die Formen und Möglichkeiten, Weihnachten auf traditionelle, althergebrachte Weise zu feiern, in Erinnerung: in der abgelegenen Berghütte ebenso wie auf dem Weihnachtsmarkt der kleinen Stadt, im Dorf ebenso wie in der Stadt.

Darum will dieses Buch vor allem die romantische Seite von Weihnachten entdecken helfen, die Stimmung, die Freude, die Sinnlichkeit der weihnachtlichen Zeit zum Ausdruck bringen. So entsteht ein Weihnachtspanorama, das neben der Überlieferung und Bewahrung der alten Kostbarkeiten auch die heutigen Formen dieses schönsten aller Jahresfeste zu inspirieren vermag. Hier geht es nicht um neue oder moderne Festformen, sondern um Bewährtes, ja Nostalgisches. Ausgehend von der altmodischen Ansicht, Weihnachten sollte in der schönsten Form gefeiert werden, die sich vorstellen lässt: wie es seit alters her Brauch ist. In den teils alten Texten und Beschreibungen sollen sich hier Reichtum und Fülle eines traditionell gefeierten Weihnachtsfestes erschließen.

Weihnachtszeit

In Weihnachtszeiten reis ich gern
und bin dem Kinderjubel fern
und geh in Wald und Schnee allein.
Und manchmal, doch nicht jedes Jahr,
trifft meine gute Stunde ein,
dass ich von allem, was da war,
auf einen Augenblick gesunde
und irgendwo im Wald für eine Stunde
der Kindheit Duft erfühle tief im Sinn
und wie ein Knabe bin.

HERMANN HESSE

Dezember

Der Zeiger dreht sich unverwandt.
Geht alles nun zu End.
Schon führt der Winter hierzuland
Sein strenges Regiment.

Es knirscht der Schnee. Es klirrt das Eis.
Bald ist das Jahr herum,
Und durch die Gassen geht schon leis
das liebe Christkind um.

Das Jahr ist müd, will schlafen gehn,
Möcht endlich seine Ruh,
Hat viel gehört, hat viel gesehn
Und zieht den Vorhang zu.

GUSTAV SICHELSCHMIDT

Fröhliche Weihnacht überall

Schon im November, wenn allmählich die Abende länger werden, beginnt die Vorweihnachtszeit. Das große Fest rückt näher, und viele Vorbereitungen sind zu treffen. Dabei ist nicht so wichtig, was da gemacht wird, Hauptsache, wir erleben diese Zeit erwartungsvoll. Die Vorstellung, vielleicht gemütlich beim warmen Ofen zu sitzen, während draußen die ersten Flocken fallen, ist unauslöschlich. Vielleicht gibt es auch heute noch Bratäpfel, die unterdessen im Rohr zischen. Da könnte man vom Sinn des Schenkens erzählen, zum Beispiel wie man sich früher Sinnbilder aus Lebkuchen gebacken und geschenkt hat, ein Herz für den Allerliebsten, ein Wickelkind für die junge Frau, einen Lebkuchenmann für das junge Mädchen oder ein Hufeisen für den Freund – und der Beschenkte musste das Sinnbild verzehren, dann hat es ihm Glück gebracht.

Da werden vielleicht Weihnachtslieder auf einem Instrument eingeübt oder gesungen; womöglich werden auch duftende Honigkerzen angezündet, damit es schon nach Weihnachten riecht. Solche gemütlichen Abende bleiben einem Menschen das ganze Leben im Gedächtnis, binden ihn an Elternhaus, Familie und Geschwister. Im Haus wird die Adventszeit sichtbar gemacht, und es ist eigenartig, wie schon durch einen Tannenzweig, ein paar rote Äpfel und Nüsse oder ein Licht Adventsstimmung hervorgezaubert werden kann.

Auf dem Land hängt man oft den Erntekranz an einen Tannenzweig an die Wand; ein schöner großer Strohstern leistet denselben Dienst. In allen Zimmern können wir auch einfach Tannenzweige statt der Bilder aufhängen oder über die Bilder stecken.

Liebeläutend

Liebeläutend zieht durch Kerzenhelle,
Mild, wie Wälderduft, die Weihnachtszeit,
Und ein schlichtes Glück streut auf die Schwelle
Schöne Blumen der Vergangenheit.

Hand schmiegt sich an Hand im engen Kreise,
Und das alte Lied von Gott und Christ
Bebt durch Seelen und verkündet leise,
Dass die kleinste Welt die größte ist.

JOACHIM RINGELNATZ

Freudenvolle
Winterzeit

Der erste Schnee

Das Dorf im Schnee

Still, wie unterm warmen Dach,
Liegt das Dorf im weißen Schnee;
In den Erlen schläft der Bach,
Unterm Eis der blanke Schnee.

Weiden stehn im weißen Haar,
Spiegeln sich in starrer Flut;
Alles ruhig, kalt und klar
Wie der Tod, der ewig ruht.

Weit, so weit das Auge sieht,
Keinen Ton vernimmt das Ohr,
Blau zum blauen Himmel zieht
Sacht der Rauch vom Schnee empor.

Möchte schlafen wie der Baum,
Ohne Lust und ohne Schmerz;
Doch der Rauch zieht wie im Traum
Still nach Haus mein Herz.

KLAUS GROTH

Neuschnee

Flockenflaum zum ersten Mal zu prägen
mit des Schuhs geheimnisvoller Spur,
einen ersten schmalen Pfad zu schrägen
durch des Schneefelds jungfräuliche Flur –

Kindisch ist und köstlich solch Beginnen,
wenn der Wald dir um die Stirne rauscht
oder mit bestrahlten Gletscherzinnen
deine Seele leuchtende Grüße tauscht.

CHRISTIAN MORGENSTERN

Schneeflöckchen, Weißröckchen

Schnee- flöck - chen, Weiß - röck - chen, da
kommst du ge - schneit; du kommst aus den
Wol - ken, dein Weg ist gar weit.

Ach, setz dich ans Fenster,
du lieblicher Stern;
malst Blumen und Blätter,
wir haben dich gern.

Schneeflöckchen, ach decke
die Blümlein geschwind.
Sie frieren, du wärmst sie,
so bittet das Kind.

Schneeflöckchen, Weißröckchen,
so kommet doch all',
dann wird bald ein Schneemann,
dann werf' ich den Ball.

MUSIK:
WOLFGANG AMADEUS MOZART
TEXT: HEDWIG HABERKERN

Winternacht

Der Winterabend

Der Winterabend, das ist die Zeit
der Arbeit und der Fröhlichkeit.

Wenn die andern nähen, stricken und spinnen,
dann müssen wir Kinder auch was beginnen;

wir dürfen nicht müßig sitzen und ruhn,
wir haben auch unser Teil zu tun.

Wir müssen zu morgen uns vorbereiten
und vollenden unsere Schularbeiten.

Und sind wir fertig mit Lesen und Schreiben,
dann können wir unsere Kurzweil treiben ...

Und ist der Abend auch noch so lang,
wir kürzen ihn mit Spiel und Gesang.

Und wer ein hübsches Rätsel kann,
der sagts, und wir fangen zu raten an.

HEINRICH HOFFMANN VON FALLERSLEBEN

Eisnacht

Wie in Seide ein Königskind
schläft die Erde in lauter Schnee,
blauer Mondscheinzauber spinnt
schimmernd über der See.

Aus den Wassern der Raureif steigt,
Büsche und Bäume atmen kaum:
durch die Nacht, die erschauernd schweigt,
schreitet ein glitzernder Traum.

CLARA MÜLLER-JAHNKE

In der Winternacht

Es wächst viel Brot in der Winternacht,
weil unter dem Schnee frisch grünet die Saat;
erst wenn im Lenze die Sonne lacht,
spürst du, was Gutes der Winter tat.

Und deucht die Welt dir öd und leer,
und sind die Tage dir rauh und schwer:
Sei still und habe des Wandels acht
es wächst viel Brot in der Winternacht.

FRIEDRICH WILHELM WEBER

Altes Kaminstück

Draußen ziehen weiße Flocken
Durch die Nacht, der Sturm ist laut;
Hier im Stübchen ist es trocken,
Warm und einsam, stillvertraut.

Sinnend sitz ich auf dem Sessel,
An dem knisternden Kamin,
Kochend summt der Wasserkessel
Längst verklungne Melodien.

Und ein Kätzchen sitzt daneben,
Wärmt die Pfötchen an der Glut;
Und die Flammen schweben, weben,
Wundersam wird mir zu Mut.

Dämmernd kommt heraufgestiegen
Manche längst vergessne Zeit,
Wie mit bunten Maskenzügen
Und verblichner Herrlichkeit.

Schöne Fraun mit kluger Miene,
Winken süßgeheimnisvoll,
Und dazwischen Harlekine
Springen, lachen, lustigtoll.

Ferne grüßen Marmorgötter,
Traumhaft neben ihnen stehn
Märchenblumen, deren Blätter
In dem Mondenlichte wehn.

Wackelnd kommt herbeigeschwommen
Manches alte Zauberschloss;
Hintendrein geritten kommen
Blanke Ritter, Knappentross.

Und das alles zieht vorüber,
Schattenhastig übereilt –
Ach! Da kocht der Kessel über,
Und das nasse Kätzchen heult.

HEINRICH HEINE

Nun ist die Nacht gekommen

Nun ist die Nacht gekommen,
die lange, dunkle Nacht.
Die Farben sind verglommen,
die uns der Herbst gebracht.

Kahl sind die weiten Felder,
die Welt, sie schläft in Ruh.
Die stillgewordnen Wälder
deckt weißes Linnen zu.

Der Wind fährt durch die Zweige,
verweht das letzte Blatt.
Früh geht der Tag zur Neige,
der kaum begonnen hat.

Doch bald schon wird erglühen
der Freude heller Schein,
die Liebe still erblühen,
und Weihnacht wieder sein.

Rund um den Schneemann

Der Schneemann

Es knackt tüchtig in mir, so herrlich kalt ist es!« sagte der Schneemann. »Der Wind kann einem freilich Leben eintreiben. Und wie die Glühende dort glotzt!« – Er meinte die Sonne damit, die eben untergehen wollte. Sie soll mich nicht zum Blinzeln bringen, ich kann die Brocken schon noch festhalten. Er hatte nämlich statt Augen zwei große dreieckige Dachziegelbrocken, der Mund war ein Stück einer alten Harke, deshalb hatte er auch Zähne.

Er war unter den Jubelrufen der Knaben geboren, begrüßt von Schellengeläut und Peitschenknall der Schlitten. Die Sonne ging unter, der Vollmond ging auf, rund und groß, klar und schön in der blauen Luft. »Da haben wir sie wieder von einer andern Seite!« sagte der Schneemann. Er glaubte, es sei die Sonne, die sich wieder zeigte. »Ich habe ihr das Glotzen abgewöhnt! Nun kann sie dort hängen und leuchten, damit ich mich selber sehen kann. Wüsste ich nur, wie man es macht, um von der Stelle zu kommen! Ich möchte mich gar zu gern bewegen! Wenn ich es könnte, würde ich nun dort unten auf dem Eise hingleiten, wie ich es die Knaben tun sah; aber ich verstehe nichts vom Laufen.«

»Weg! Weg!« bellte der alte Kettenhund; er war etwas heiser, das war er geworden, als er Stubenhund war und hinter dem Ofen lag.

»Die Sonne wird dich laufen lehren! Das sah ich bei deinem Vorgänger auch. Weg, weg und weg sind sie alle!«

»Ich verstehe dich nicht, Kamerad!« sagte der Schneemann. »Soll die dort oben mich laufen lehren?« Er meinte den Mond. »Ja, sie lief freilich vorhin, als ich sie fest ansah, nun schleicht sie von einer anderen Seite heran.«

»Du weißt auch gar nichts«, sagte der Kettenhund, »aber du bist ja auch eben erst zusammengeklatscht worden. Was du nun siehst, heißt Mond, das was fortging, war die Sonne, sie kommt morgen wieder, sie wird dich schon lehren, in den Wallgraben hinabzulaufen. Wir bekommen bald anderes Wetter, das spüre ich in meinem linken Hinterbein, es reißt darin. Das Wetter schlägt um!«

»Ich verstehe ihn nicht«, sagte der Schneemann, »aber ich habe das Gefühl, dass es etwas Unangenehmes ist, was er sagt. Sie, die so glotzte und sich dann davonmachte, die Sonne, wie er sie nennt, sie ist auch nicht meine Freundin, das habe ich im Gefühl!«

»Weg! Weg!« bellte der Kettenhund, ging dreimal um sich selbst herum und legte sich dann in seine Hütte, um zu schlafen.

Das Wetter änderte sich wirklich. Dicker, feuchter Nebel lag gegen Morgen über der ganzen Gegend; als es Tag wurde, begann es zu wehen, der Wind war so eisig, der Frost packte ordentlich zu, aber was war das für ein Anblick, als die Sonne aufging! Bäume und Büsche waren mit Rauhreif bedeckt, es sah aus wie ein Wald von weißen Korallen, es war, als ob alle Zweige mit strahlend weißen Blüten übersät wären. Die unendlich vielen und feinen Verästelungen, die man im Sommer unter all den Blättern nicht sieht, kamen nun alle einzeln hervor, es war ein Spitzengewebe und so leuchtend weiß, als ströme ein weißer Glanz aus jedem Zweige. Die Hängebirke bewegte sich im Winde, es war Leben in ihr wie in allen Bäumen zur Sommerzeit, es war eine unvergleichliche Pracht! Und als dann die Sonne schien, nein, wie funkelte das Ganze, als ob es mit Diamantenstaub überpudert wäre, und auf der Schneedecke des Erdbodens glitzerten die großen Diamanten, oder man konnte auch glauben, dass dort unzählige kleine Lichter brannten, weißer als der weiße Schnee.

»Das ist unvergleichlich schön!« sagte ein junges Mädchen, das mit einem jungen Mann in den Garten trat und gerade beim Schneemann stehenblieb, wo sie die flimmernden Bäume betrachteten. »Einen schöneren Anblick hat man selbst im Sommer nicht!« sagte sie, und ihre Augen strahlten.

»Und so einen Kerl wie diesen hier hat man im Sommer erst recht nicht«, sagte der junge Mann und zeigte auf den Schneemann. »Er ist ausgezeichnet!«

Das junge Mädchen lachte, nickte dem Schneemann zu und tanzte mit ihrem Freunde über den Schnee dahin, der unter ihnen knirschte, als gingen sie auf Stärkemehl.

»Wer waren die beiden?« fragte der Schneemann den Kettenhund, »du bist länger auf dem Hofe als ich, kennst du sie?«

»Versteht sich!« sagte der Kettenhund. »Sie hat mich ja gestreichelt, und er hat mir einen Knochen gegeben, die beiße ich nicht!«

»Aber was stellen sie hier vor?« fragte der Schneemann.

»Brrr-rautleute!« sagte der Kettenhund. »Sie werden in eine Hütte ziehen und zusammen am Knochen nagen. Weg! Weg!«

»Haben die beiden ebensoviel zu bedeuten wie du und ich?« fragte der Schneemann.

»Sie gehören ja zur Herrschaft«, sagte der Kettenhund, »man weiß wirklich ungemein wenig, wenn man gestern erst geboren ist, das merke ich an dir! Ich habe Alter und Kenntnisse, ich kenne alle hier im Hause! Und ich habe eine Zeit gekannt, wo ich nicht hier in der Kälte und an der Kette lag. Weg! Weg!«

»Die Kälte ist herrlich«, sagte der Schneemann. »Erzähle, erzähle! Aber du darfst nicht so mit der Kette rasseln, denn dabei knackt es in mir.«

»Weg! Weg!« bellte der Kettenhund. »Ein Hündchen bin ich gewesen, klein und niedlich, sagten sie, damals lag ich in einem Samtstuhl drinnen im Hause, lag im Schoße der obersten Herrschaft, sie küssten mich auf die Schnauze und wischten mir die Pfoten mit einem gestickten Taschentuch ab, ich hieß ›Schönster‹, ›Pusselpusselbeinchen‹, aber dann wurde ich ihnen zu groß, sie schenkten mich der Haushälterin, ich kam in die Kellerwohnung! Du kannst hineinsehen von dort aus, wo du stehst, du kannst in die Kammer hinabsehen, wo ich Herrschaft gewesen bin, denn das war ich bei der Haushälterin. Es war ein geringerer Ort als oben, aber hier war es gemütlicher, ich wurde nicht von den Kindern gedrückt und herumgeschleppt wie oben. Ich bekam ebenso gutes Futter wie früher und viel mehr! Ich hatte mein eigenes Kissen, und dann war da ein Ofen, der um diese Zeit das Schönste von der Welt ist! Ich kroch ganz darunter, so dass ich verschwunden war. Ach, von dem Ofen träume ich noch. Weg!«

»Sieht denn ein Ofen so schön aus?« fragte der Schneemann. »Hat er Ähnlichkeit mit mir?«

»Er ist gerade das Gegenteil von dir! Kohlschwarz ist er, hat langen Hals mit Messingtrommel. Er frisst Brennholz, dass ihm das Feuer aus dem Munde sprüht. Man muss sich an seiner Seite halten, ganz nahe oder unter ihm, das ist äußerst angenehm. Du musst ihn durch das Fenster sehen können von dort aus, wo du stehst.«

Und der Schneemann guckte, und wirklich sah er einen schwarzen blankpolierten Gegenstand mit Messingtrommel, das Feuer leuchtete unten heraus. Dem Schneemann wurde ganz wunderlich zumute, er hatte ein Gefühl, über das er sich selbst keine Rechenschaft ablegen konnte, es kam etwas über ihn, das er nicht kannte, das aber alle Menschen kennen, wenn sie nicht Schneemänner sind.

»Und warum verließest du sie?« fragte der Schneemann. Er hatte die Empfindung, dass es ein weibliches Wesen sein musste. »Wie konntest du nur so einen Ort verlassen?«

»Ich bin dazu gezwungen worden!« sagte der Kettenhund. »Sie warfen mich hinaus und legten mich hier an die Kette. Ich hatte den jüngsten

Junker ins Bein gebissen, weil er mir den Knochen wegstieß, an dem ich nagte, Knochen um Knochen, denk ich! Aber das nahmen sie übel, und von der Zeit an habe ich an der Kette gelegen und habe meine klare Stimme verloren, höre nur, wie heiser ich bin: Weg! Weg! Das war das Ende vom Liede!«

Der Schneemann hörte nicht mehr zu, er sah immerfort in die Kellerwohnung der Haushälterin, in ihre Stube hinab, wo der Ofen auf seinen vier eisernen Beinen stand und sich in derselben Größe zeigte wie der Schneemann. »Es knackt so seltsam in mir!« sagte er. »Soll ich niemals dort hineinkommen? Es ist doch ein unschuldiger Wunsch, und unsere unschuldigen Wünsche werden gewiss in Erfüllung gehen. Es ist mein höchster Wunsch, mein einziger Wunsch, und es wäre fast ungerecht, wenn er nicht erfüllt würde. Ich muss dort hinein, ich muss mich an sie lehnen, und wenn ich auch das Fenster zerschlagen sollte!«

»Dort kommst du niemals hinein«, sagte der Kettenhund, »und kommst du an den Ofen, dann bist du weg, weg!«

»Ich bin schon so gut wie weg«, sagte der Schneemann, »ich breche zusammen, glaube ich.«

Den ganzen Tag stand der Schneemann da und guckte zum Fenster hinein, in der Dämmerstunde wurde die Stube noch einladender, vom Ofen her leuchtete es so mild, nicht wie der Mond und auch nicht wie die Sonne, nein, wie nur der Ofen leuchten kann, wenn er etwas in sich hat. Ging die Tür auf, so schlug die Flamme heraus, das war so seine Gewohnheit, es glühte ordentlich rot auf in dem weißen Gesicht des Schneemannes, es leuchtete rot über seine Brust.

»Ich halte es nicht mehr aus!« sagte er. »Wie schön es sie kleidet, die Zunge herauszustrecken!«

Die Nacht war sehr lang, aber nicht für den Schneemann, er stand da in seine eigenen schönen Gedanken vertieft, und die froren, dass es knackte. Am Morgen waren die Kellerfenster zugefroren, sie trugen die schönsten Eisblumen, die nur ein Schneemann verlangen konnte, aber sie verbargen den Ofen. Die Scheiben wollten nicht auftauen, er konnte »sie« nicht sehen. Es knackte, es knirschte, es war gerade so ein Frostwetter, an dem ein Schneemann seine Freude haben muss, aber er freute sich nicht, er hätte sich so glücklich fühlen können und müssen, aber er war nicht glücklich, er hatte Ofensehnsucht.

»Das ist eine schlimme Krankheit für einen Schneemann«, sagte der Kettenhund. »Ich habe auch an der Krankheit gelitten, aber ich habe sie überstanden. Weg! Weg! – Nun bekommen wir anderes Wetter!«

Und es gab anderes Wetter, es gab Tauwetter. Das Tauwetter nahm zu, der Schneemann nahm ab. Er sagte nichts, er klagte nicht, und das ist das richtige Zeichen. Eines Morgens brach er zusammen. Es ragte etwas wie ein Besenstiel in die Luft, dort, wo er gestanden hatte, um den Stiel herum hatten die Knaben ihn aufgebaut.

»Nun kann ich das mit seiner Sehnsucht verstehen«, sagte der Kettenhund, »der Schneemann hat einen Feuerhaken im Leibe gehabt! Das ist es, was sich in ihm geregt hat, nun ist es überstanden Weg! Weg!«

Und bald war auch der Winter überstanden. »Weg! Weg!« bellte der Kettenhund, aber die Mädchen auf dem Hofe sangen: »Waldmeister grün! Hervor aus dem Haus! Weide, die wollenen Handschuhe aus! Lerche und Kuckuck, singt fröhlich drein! – Frühling im Februar wird es sein! Ich singe mit: Kuckuck! Quivit! Komm liebe Sonne, komm oft – quivit!«

Und dann denkt niemand mehr an den Schneemann.

HANS CHRISTIAN ANDERSEN

Der Schneemann auf der Straße

Der Schneemann auf der Straße
trägt einen weißen Rock,
hat eine rote Nase
und einen dicken Stock.

Er rührt sich nicht vom Flecke,
auch wenn es stürmt und schneit.
Stumm steht er an der Ecke
zur kalten Winterszeit.

Doch tropft es von den Dächern
im ersten Sonnenschein,
da fängt er an zu laufen,
und niemand holt ihn ein.

ROBERT REINICK

Der Schneemann

Seht, da steht er, unser Schneemann!
Das ist ein Geselle!
Stehet fest und unverzagt,
Weicht nicht von der Stelle.

Schaut ihm in die schwarzen Augen!
Wird euch denn nicht bange?
In der linken Hand da hat er
Eine lange Stange.

Einen großen Säbel hält er
Fest in seiner Rechten.
Kommt heran! er wird sich wehren,
Wird mit Allen fechten.

Über ihn kann nur der Frühling
Einen Sieg gewinnen:
Blickt ihn der nur an von ferne,
Wird er gleich zerrinnen.

Aber halt dich tapfer, Schneemann!
Lass dir offenbaren:
Stehst du morgen noch, so wollen
Wir dich Schlitten fahren.

HEINRICH HOFFMANN
VON FALLERSLEBEN

Der Schneemann

Steh, Schneemann, steh!
Und bist du auch von Schnee,
So bist du doch ein ganzer Mann,
Hast Kopf und Leib und Arme dran,
Und hast ein Kleid, so weiß und rein,
Kein Seidenzeug kann weißer sein:
Du stehst so stolz und fest und breit
Als wär' es für die Ewigkeit.

Steh, Schneemann, steh!
Wenn ich dich recht beseh':
So fehlt dir nichts auf weiter Welt
Du hungerst nicht, sorgst nicht um Geld.
Ich glaub' auch, dass dich gar nichts rührt,
Und wenn es Stein und Beine friert;
Der Frost, der andre klappern lässt,
Der macht dich erst recht hart und fest.

Steh, Schneemann, steh!
Die Sonne kommt, juchhe!
Jetzt wirst du erst recht lustig sein!
Was ist denn das? Was fällt dir ein?
Du leckst und triefst ohn' Unterlass,
o Schneemann, Schneemann, was ist das?
Das schöne warme Sonnenlicht,
Der Menschen Lust erträgst du nicht?

Weh, Schneemann, weh!
Du bist doch nichts als Schnee!
Dein Kopf war dick, doch nichts darin,
Dein Leib war groß, kein Herz darin,
Und das, was andre fröhlich macht,
Hat dir, du Wicht, nur Leid gebracht.
Ich glaub', ich glaub', manch Menschenkind
Ist grade so wie du gesinnt:
Schnee, nichts als Schnee!

ROBERT REINICK

Wintervergnügen

Weihnachtsschnee

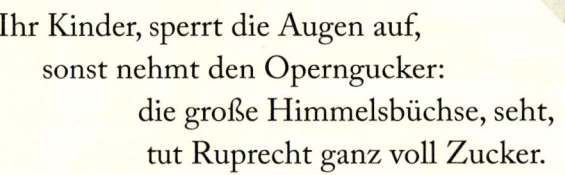

Ihr Kinder, sperrt die Näschen auf,
es riecht nach Weihnachtstorten;
Knecht Ruprecht steht am Himmelsherd
Und backt die feinsten Sorten.

Ihr Kinder, sperrt die Augen auf,
sonst nehmt den Operngucker:
die große Himmelsbüchse, seht,
tut Ruprecht ganz voll Zucker.

Er streut – die Kuchen sind schon voll –
er streut – na, das wird munter:
er schüttelt die Büchse und streut und streut
der ganzen Zucker runter.

Ihr Kinder, sperrt die Mäulchen auf,
schnell! Zucker schneit es heute!
Fangt auf, holt Schüsseln! – Ihr glaubt es nicht?
Ihr seid ungläubige Leute!

PAULA DEHMEL

Der Eislauf

Der See ist zugefroren
Und hält schon seinen Mann.
Die Bahn ist wie ein Spiegel
Und glänzt uns freundlich an.

Das Wetter ist so heiter,
Die Sonne scheint so hell.
Wer will mit mir ins Freie?
Wer ist mein Mitgesell?

Da ist nicht viel zu fragen:
Wer mit will, macht sich auf.
Wir geh'n hinaus ins Freie,
Hinaus zum Schlittschuhlauf.

Was kümmert uns die Kälte?
Was kümmert uns der Schnee?
Wir wollen Schlittschuh laufen
Wohl auf dem blanken See.

Da sind wir ausgezogen
Zur Eisbahn alsobald,
Und haben uns am Ufer
Die Schlittschuh angeschnallt.

Das war ein lustig Leben
Im hellen Sonnenglanz!
Wir drehten uns und schwebten,
Als wär's ein Reigentanz.

HEINRICH HOFFMANN VON FALLERSLEBEN

Freudenvolle Winterzeit

Seht, heut gibt es Schlittenbahn
an des Hügels Hang!
Morgen auf dem glatten Plan
geht's den Teich entlang!
Und nun gar, wenn's einmal taut,
wird ein Schneemann aufgebaut!

Seht, mit seinem plumpen Leib
würdig steht er da,
raucht zu seinem Zeitvertreib
wie ein Großpapa!
Hat zwei Augen rund und groß,
schwarz wie Kohlen! Seht nur bloß!

Freudevolle Winterzeit,
reich an Scherz und Spiel!
Nach dem Sommer, der so weit,
frag' ich nun nicht viel!
Den Dezember preis' ich hoch,
und das Beste kommt ja noch.

Denn an seinem Ende glänzt
wunderbares Licht,
das von hellem Schein umkränzt
durch das Dunkel bricht:
Lieblich an des Jahres Saum
strahlt in Gold der Tannenbaum.

HEINRICH SEIDEL

Die hohen Tannen

Die hohen Tannen atmen heiser
Im Winterschnee, und bauschiger
Schmiegt sich sein Glanz um alle Reiser.
Die weißen Wege werden leiser,
die trauten Stuben lauschiger.

Da singt die Uhr, die Kinder zittern:
Im grünen Ofen kracht ein Scheit
Und stürzt in lichten Lohgewittern, –
Und draußen wächst im Flockenflittern
Der weiße Tag zur Ewigkeit.

RAINER MARIA RILKE

Advent, Advent, ein Lichtlein brennt

Die schöne Zeit vor Weihnachten

Eine der schönsten Zeiten des Jahres fängt an. Vorfreude ist die schönste Freude, die Adventswochen sind voll davon. In der Kirche, die mit dem ersten Adventssonntag das neue Kirchenjahr eröffnet, künden frohe Feste das nahende Weihnachten an. Draußen in der Natur wächst die freudige Erwartung auf das Wiederaufsteigen des Lichts zur Wintersonnenwende, und in den Familien wird das große Fest vorbereitet.

Der erste Advent schließt das Tor zur Vorweihnachtszeit auf. In den Stuben soll es nach Tannengrün duften, der Adventskranz wird aufgehängt oder aufgestellt, in den Kinderzimmern enthüllen die Adventskalender ihre erste Überraschung. Adventssterne müssen angebracht, die Rauschgoldengel und Krippenfiguren wiederhergestellt, alle Leuchter mit Kerzen besteckt werden. Einige Schüsseln und Körbe werden mit Kostproben von Weihnachtsplätzchen, Pfeffernüssen und Kuchen gefüllt. Bratäpfel stehen bereit und ein heißes Getränk zur Dämmerstunde, wenn zum ersten Mal wieder vorgelesen wird und die alten Advents- und Weihnachtslieder von der Stubenmusi gespielt werden.

Rund um den Advent

Den ganzen Dezember über dreht sich alles um Weihnachten. Manchmal so sehr, so laut und bunt, dass man darüber vergisst, dass auch die Stille ein Teil der Vorfreude auf das größte Fest des Jahres sein sollte. Denn wenn am ersten Adventssonntag das neue Kirchenjahr eröffnet wird, beginnt auch die Zeit der Erwartung: Im Advent bereiten sich Mensch und Natur auf das Wiederaufsteigen des Lichtes nach der Wintersonnwende vor und erwarten mit Vorfreude die Geburtsfeier Christi. Meist geht dies mit hektischen Vorbereitungen, Geschenkkäufen und Menüvorschlägen einher. In den Büros werden Weihnachtsfeiern veranstaltet und Familien planen den Heiligabend im kleinen oder größeren Kreis.

Nicht selten ist diese Zeit dann so gar nicht besinnlich, selbst die Adventssonntage sind mit Weihnachtsbasar, dem Besuch auf den vielen Christkindl- und Weihnachtsmärkten und mit letzten Vorbereitungen gefüllt. Diese vorweihnachtliche Hektik ist oft stressig, aber schließlich steht uns auch ein großes Ziel vor Augen: das gemeinsame Feiern. Und ein wenig Ungeduld muss auch sein. Die Kinder können es meist gar nicht erwarten, dass ihr fein säuberlich geschriebener Wunschzettel erfüllt wird.

Es war gegen Ende des neunzehnten Jahrhunderts, als ein kleiner Junge einmal seine Mutter immer und immer wieder mit der Frage »Wann ist es denn endlich soweit?« bedrängte. Die Mutter bastelte ihm schließlich 24 Schächtelchen, in die sie kleine Bildchen hineinlegte. Jahre später, es war 1904 und der Junge mittlerweile erwachsen und Lithograf geworden, brachte er den ersten gedruckten Adventskalender auf den Markt. Heute ist selbst unter Erwachsenen das erwartungsfrohe Öffnen eines Adventskalenders eine beliebte Vorweihnachtsfreude.

Aber nicht nur Kalender und Adventskerzen verkürzen die trubeligen 24 Vorweihnachtstage: Am 6. Dezember wird des großen heiligen Nikolaus gedacht, der im sechsten Jahrhundert aus der kleinasiatischen Hafenstadt Myra auszog und viel Gutes vollbrachte. Seither gilt er als Schutzpatron der Kinder und Seeleute. Ihm zu Ehren werden am Vorabend oder Morgen des 6. Dezember Stiefel vor die Türen gestellt. Apfel, Nuss und Mandelkern, Mandarinen und Rosinen sind traditionelle Gaben, die »der Nikolaus« dann bringt. Die exotischen Früchte erinnern an die orientalische Herkunft des heiligen Mannes, der auch als Urvater des Marzipan gilt. Das *Marci Panis* – das Brot des Markus – geht auf den Schutzpatron der Stadt Venedig zurück, die als alte Seefahrermetropole dem Heiligen Nikolaus besondere Ehre erwies und die Herstellung der süßen Nascherei aus Mandeln kunstvoll betrieb, ähnlich anderen Hafenstädten wie Lübeck und Königberg.

Heute noch sind Marzipankartoffeln ein vorweihnachtlicher Klassiker. Ebenfalls ein Symbol des Er-Wartens sind Lebkuchen. Eine im süddeutschen Raum verwendete Lebkuchen-Gewürzmischung kann zum Beispiel Zimt, Nelken, Piment, Koriander, Ingwer, Kardamom und Muskatnuss oder Macis enthalten. Eine mögliche Pfefferkuchenmischung enthält Anis, Ingwer, Pfeffer und Piment. Jedenfalls wurde das auch als *Siebengewürz* bekannte Lebkuchengewürz schon vor vielen Jahrhunderten zu haltbarem Backwerk verarbeitet, das die lange Weihnachtszeit unbeschadet überdauern konnte.

Ein aufwändiger Vorgang war das Backen der Lebkuchen, lange musste der Teig gären und lange auch sollten die Lebkuchen in einer Dose aufbewahrt werden. Längst haben nun die weitaus schneller zubereiteten Plätzchen ihnen in der häuslichen Bäckerei den Rang abgelaufen. Jede Familie hat ihre eigenen lieb gewonnen Rezepte für Weihnachtsplätzchen, und das gemeinsame Backen ist ein ganz besonderer Leckerbissen im adventlichen Treiben.

Wenn zwischen dem dritten und vierten Advent die längste Nacht des Jahres ist und die Wintersonnwende bereits wieder auf das Nahen des Frühjahrs hindeutet, beginnt die besonders lichterfrohe Zeit. Kerzen gehören zu Weihnachten: als Symbol der Reinheit, der Erkenntnis und der Erwartung. Noch aus vorchristlicher Zeit stammt der Brauch, Tannenzweige um den Tag der Wintersonnwende aufzuhängen. Ab dem siebzehnten Jahrhundert hat man im Elsass an Tannenzweige und schließlich Tannenbäume Äpfel und Oblaten sowie Papierschmuck gehängt.

Auch wenn Betriebsamkeit die Vorweihnachtszeit prägt, sollte ab und an Zeit für Musik und Singen bleiben – vielleicht kann man an späten, schon dunklen Nachmittagen sich zu Punsch und Plätzchen mancher einfacher Weihnachtslieder entsinnen. Wer nicht selber singen möchte, greift so vielleicht zu einer CD und manch einer wird unmerklich Weihnachtslieder summen. Musik als Symbol für Engelschöre und Trompeten, die die himmlische Botschaft bringen, ist eines der tragenden Elemente der Weihnachtszeit.

Zwischen dem dritten und vierten Advent ist meist schon ein Baum besorgt worden, der nun an einem kühlen Ort darauf wartet, geschmückt zu werden. Spätestens wenn in vielen Familien die Krippenfiguren aus ihrem Jahresquartier geholt werden, wissen die Kinder, dass der große Tag nicht mehr weit ist. Der schöne Brauch geht auf den Heiligen Franz von Assisi zurück, der anlässlich einer Christmette 1223 das erste Mal Ochs und Esel aufgestellt haben soll, zwischen ihnen ein leerer Futtertrog, der das Lager des Jesuskindes symbolisieren sollte. Wenig später entstanden ebenfalls in Italien die ersten Figuren aus Holz mit Maria und Josef in der Mitte.

Glocken gehören untrennbar zu Weihnachten. Das kleine, hell tönende Glöckchen, das zur Bescherung ruft, ist nur ein Vorbote der großen Christmettengeläute, die am 24. Dezember die Nacht erfüllen.

Glocken verkünden Beginn und Ankunft und rufen Gläubige zum Gebet. Neben ihrer stark christlichen Kraft vermitteln sie Größe und Ehrfurcht, Gefühle, denen sich jeder einfach einmal hingeben sollte, um danach die Stille um so stärker zu spüren. Weihnachten ist ein Fest der Sinne, und neben dem Hören, dem Riechen, dem Schauen dreht sich an Weihnachten viel Zeit auch ums Essen. Ursprünglich als Willkommensgruß für das Jesuskind gedacht, ist das Weihnachtsessen, natürlich regional verschieden, aber überall ein Anlass, Familie und Freunde um sich zu scharen. Üppig und feierlich darf es dann schon sein – und ob Truthahn, Gans, Karpfen oder Heringssalat, ein Weihnachtsessen soll und darf lange dauern, schließlich wird nicht nur ein vollbrachtes Jahr gefeiert, das langsam ausklingt, sondern es soll auch Hoffnung für ein neues geschöpft werden.

Das größte Ereignis für Kinder ist die Bescherung – wenn sie spannend und feierlich begangen wird. Spätestens jetzt sollte alle Hektik vergessen sein, denn Erinnerungen an gelungene Weihnachtsabende behält man ein Leben lang als wärmende Erinnerung. Jede Familie und deren Freunde wird im Lauf der Zeit ihre eigenen Rituale entwickeln, das ist gut so, denn gerade Kinder lieben immer Wiederkehrendes und fordern Rituale ein. Das vermittelt ihnen Sicherheit und Geborgenheit, nach einer langen Zeit der Erwartung, Spannung und Vorfreude.

Die weihnachtlichen Festtage sind eine schöne Gelegenheit, Zeit nicht nur mit Organisieren und Vorbereiten zu verbringen, sondern Freunde und Verwandte zu besuchen, einen Spaziergang auf den Friedhof zum Familiengrab zu machen oder einfach in der frischen Luft neue Kraft zu tanken. Die so genannte Zeit zwischen den Jahren, also vom 24. bis zum 31. Dezember, sind eine würdige Zeit der Nachbereitung des Weihnachtsfestes. Die Kerzen am

Baum können immer wieder angezündet werden, Plätzchen und Bratenreste bestimmen den Menüplan, und wenn es am 28. Dezember bereits die ersten Silvesterartikel zu kaufen gibt, bekommt die Weihnachtszeit ihre unernste Note. Jahresausklang und Neubeginn bringen eine Ausgelassenheit, die nach der feierlichen Stimmung der Festtage Fröhlichkeit ins Haus trägt.

Der 6. Januar gehört in vielen Regionen traditionell den Sternsingern, die von Tür zu Tür gehen und um eine milde Gabe bitten, die den Bedürftigen gespendet wird. An diesem Tag wird häufig auch der Christbaum abgeschmückt und die Krippe wieder verstaut. Und so manches Kind denkt mit Bedauern daran, dass nun erst wieder elf Monate vergehen müssen, um sich auf Weihnachten zu freuen.

CHRISTINE PAXMANN

Advent, Advent, ein Lichtlein brennt

Ad - vent, Ad - vent, ein Licht-lein brennt, erst eins, dann zwei, dann drei, dann vier, dann steht das Christ - kind vor der Tür.

MUSIK UND TEXT: VOLKSLIED

Adventliche Bräuche und Symbole

Gedanken zum weihnachtlichen Brauchtum

Die Menschen früherer Jahrhunderte lebten im Jahr der Kirche, daraus erwuchsen feste Sitten und anschauliche Bräuche. Wir haben heute weitgehend nur noch die äußeren Dinge des Brauchtums lebendig erhalten, und so sind diese für viele der alleinige Inhalt der Weihnachtszeit. Rund anderthalb Jahrtausend umfasst der Zeitraum, in dem das weihnachtliche Brauchtum entstanden ist. In alten Handschriften und Büchern finden sich gelegentlich Notizen, die vergessene Sinnzusammenhänge aufhellen. Die verstreuten Aussagen werden hier zusammengetragen, so dass sich ein Mosaik aus Geschichte und Geschichten ergibt, das jede Einzelheit der Advents- und Weihnachtszeit in einen großen, sinnhaften Zusammenhang einfügt.

Die Deutung mancher Dinge hat sich im Laufe der Geschichte immer wieder gewandelt. So werden manche Einzelheiten des weihnachtlichen Brauchtums auch verschieden gedeutet. Was in jedem einzelnen Fall die richtige Bedeutung ist, wird sich nicht immer mit Bestimmtheit sagen lassen. Oft wird uns in Liedern und Legenden keine geschichtliche, sondern eine symbolische Wirklichkeit vermittelt. Die Legende und das Sinnbildhafte des Brauchtums ersetzen zwar das inhaltliche Verständnis nicht, aber sie sind wichtig, um den Sinn und die Bedeutung dieser Festzeit zu erschließen.

Der Adventskalender

Der Adventskalender ist ein unentbehrlicher Zeitmesser für die letzten vier Wochen vor dem Fest. Er zügelt und steigert zugleich 24 erwartungsvolle Tage lang die Vorfreude auf das große Weihnachtsereignis. Ungezählt viele Möglichkeiten gibt es, ihn hübsch und überraschungsreich zu gestalten.

Der Adventskranz

Die Kirche sieht in der Adventszeit eine Zeit der Erwartung und Bereitung. Noch leben die Gläubigen in der dunklen Welt, aber die Freude kommt mit jedem Tag näher. Ein schönes Sinnbild für diese wachsende Lichterfülle ist der Adventskranz. Dieser Brauch entstand im Wichernschen »Rauhen Haus« in Hamburg und hat dann in wenigen Jahren alle Häuser erobert. Für die meisten ist er heute nur ein stimmungsvoller Zimmerschmuck, aber er ist bedeutungsreicher, als auf den ersten Blick zu vermuten ist. Das immerwährende Grün der Tanne oder Kiefer versinnbildlicht eine unendliche Hoffnung. Die vier Kerzen sagen uns: Es wird immer heller – wie das Licht, das nach biblischer Überlieferung in der Finsternis leuchtet und Trost und Hoffnung vermittelt.

Der Adventskranz ist natürlich besonders schön, wenn er nicht fertig geschmückt vom Gärtner oder aus dem Blumengeschäft bezogen wird, sondern wenn wir ihn vielleicht eigenhändig binden, auf jeden Fall aber selbst mit Bändern, Kerzen und Kugeln schmücken. Ein paar Ruten aus dem Garten geben das notwendige runde Grundgerüst, Waldmoos und Stroh polstern das Gestell zur erforderli-

chen Dicke, und darauf werden mit Blumendraht, Garn oder grünem Bast schuppenartig die zurechtgeschnittenen Tannenspitzen gebunden. Es macht nicht viel Arbeit, wohl aber Spaß.

Am besten erstellen wir gleich zwei Kränze, einen kleineren für den Tisch (damit er Tellern und Schüsseln, Tassen und Kannen noch Platz lässt) und einen größeren zum Aufhängen an der Zimmerdecke oder am Türrahmen zwischen den Zimmern.

Die Adventssträuße

Die Adventssträuße, dickes, dunkles Tannengrün in handfesten Krügen, die geheimnisvoll plötzlich die *Es duftet nach Weihnachten*-Stimmung in die Wohnung zaubern, sollen Vorboten für den strahlenden Lichterbaum sein. Sie wecken doppelte Vorfreude, wenn wir sie schon etwas festlich gestalten und mit ein paar blitzenden Kugeln, selbstgebastelten Strohsternen oder einer Buntpapierkette etwas von der Pracht andeuten, die uns am Festtag erwartet.

Der Adventsstern

Der Adventsstern erinnert an den Stern, der den drei Weisen aus dem Morgenland erschienen ist und sie zu dem Kind in der Krippe geführt hat. Weihnachtliche Transparentbilder offenbaren das Licht als ein Erlösungsmotiv.

Wer blühende Zweige am Heiligabend als ein Sinnbild des in der Todesstarre erwachten neuen Lebens haben will, der sollte am 4. Dezember Zweige von Birnen-, Apfel-Pflaumen- oder Kirschbäumen oder auch Flieder, Schlehdorn und Eberesche schneiden und sie in Wasser setzen. Man stellt sie erst einige Tage in einen kühlen Raum, dann im warmen Zimmer ans Fenster. Die Zweige müssen öfter mit warmem Wasser besprengt und das Wasser alle fünf Tage erneuert werden, wobei die Stielenden jedes Mal neu abzuschneiden sind. Dann brechen rechtzeitig zum Weihnachtsfest die Blüten auf und versinnbildlichen das weihnachtliche Geschehen.

Die Klöpfelnächte

In früherer Zeit spielten im Volksbrauchtum die drei *Klöpfelnächte*, das sind die drei letzten Donnerstage in der Adventszeit, eine große Rolle. Da durfte die Jugend lärmend durchs Dorf ziehen, an allen Haustüren klopfen und um Gaben bitten. Oft wurden auch Bohnen oder Kieselsteine gegen die Fenster geworfen. In manchen Gegenden zog man mit Heugabeln aus und sang zum Beispiel:

Klöpfel o, klöpfel o,
der Bauer is a braver Mo,
Kropfa (Krapfen) raus, Kropfa raus
oder i stick enk a Loch ins Haus!

Da wird dem Klopfer etwas auf die Gabel gesteckt, sei es ein Stück Speck oder ein Krapfen, oft auch Weihnachtsgebäck, manchmal aus Mutwillen auch nur eine Kartoffel. Am sogenannten Pfefferlestag, am 28. Dezember, revanchiert sich der Klopfer dann oft mit einer Gegengabe. Er »pfeffert« das Gegengeschenk nur schnell in die Stube und verschwindet dann wieder.

In Tirol setzten die Klopfer schön geschnitzte Masken auf, man bewirtete sie reichlich und bat sie dann fest auf den Feldern herumzuspringen und zu trampeln, damit die nächste Ernte recht fruchtbar würde. Es war wohl ursprünglich ein heidnischer Brauch, um die Dämonen von den Feldern zu vertreiben. Die kräftigsten Männer des Dorfes vermummten sich mit weißen Tüchern und dämonischen Masken, tanzten und sprangen damit auf den Feldern umher. Das waren die sogenannten Perchtenläufe, die auch in manchen Gegenden in den zwölf Rauhnächten zwischen Weihnachten und dem Dreikönigstag stattfanden. Heute werden die Perchtenumzüge durch das Krampuslaufen mit Teufelsmasken mit Hörnern und Schellen am 5. Dezember ersetzt.

Festtage im Advent

Barbaratag

Am Barbaratag, also am 4. Dezember, holen wir nach altem Brauch die Barbarazweige ins Haus, knospenreiche Pflaumen-, Kirsch-, Forsythien-, Mandel- und Haselzweige, die, ins Wasser gestellt, in der Wärme der Zimmer sich entfalten und aufblühen, so dass die Adventszeit mit frischem Grün und hellen Blüten geschmückt wird.

Wer sich aufs Wahrsagen versteht, kann Ledigen, Verliebten und sonst jedem aus der Anzahl von Blättern und Blumen wichtige Hinweise für die Zukunft geben.

Barbarazweige

Am Barbaratage holt' ich
Drei Zweiglein vom Kirschenbaum,
Die setzt' ich in eine Schale,
Drei Wünsche sprach ich im Traum:

Der erste, dass einer mich werbe,
Der zweite, dass er noch jung,
Der dritte, dass er auch habe
Des Geldes wohl genung.

Weihnachten vor der Mette
Zwei Stöcklein nur blühten zur Frist –
Ich weiß einen armen Gesellen,
Den nähm' ich, wie er ist.

MARTIN GREIF

Luciatag

Die Bräuche, die sich mit dem Luciatag verbinden, gehen darauf zurück, dass man früher an diesem Tag die Sonnenwende gefeiert hat. Heute sind sie eigentlich nur noch in Schweden lebendig, aber sie sind so schön, dass wir sie auch bei uns wieder einführen sollten.

Wie wäre es, wenn zur Überraschung der ganzen Familie unser Töchterchen – ohne ein junges Mädchen geht es nicht – am Morgen des 13. Dezember mit einem Lichterkranz auf dem Kopf, ein Adventslied singend, ins Schlafzimmer tritt und auf einem Tablett das Frühstück serviert, wie das in Schweden üblich ist? Da könnten wir alle mit einstimmen und hätten in der dunklen Zeit der längsten Nächte, und noch dazu an einem 13., der sowieso nicht jedermanns Sache ist, ein helles, kleines Fest, das unsere Gedanken auf kommende heitere Frühlingstage lenkt, die uns das wiederaufsteigende Licht bald bescheren wird.

Thomastag

Sonnenwende – ein wichtiger Lostag. Nach altem Glauben beginnen jetzt, am 21. Dezember, mit dem Einzug der Winterdämonen die zwölf Rauhnächte. Eigentlich soll nun alle Arbeit ruhen, darf in dieser Zeit nichts gewaschen oder aufgehängt werden, nichts soll gebacken und nichts soll getan werden, was mit drehender Bewegung verbunden ist. Ein Aberglaube, sicher, und auf die Gefahr hin, dass alle bösen Geister sich gegen uns verschwören, wir werden diese Gebote kaum einhalten können. Mit der Wäsche mag es allenfalls hingehen, aber mit dem Backen, dem Kaffeemahlen und dem Fleisch-und-Kohl-durch-den-Wolf-Drehen sind wir bestimmt noch nicht fertig.

Erbitten wir uns also von den Dämonen drei Tage Aufschub. Darauf sind unsere Vorfahren in anderen Gegenden auch schon gekommen und lassen die Rauhnächte erst am Weihnachtstag beginnen. Halten wir es ebenso, wir wollen dann gern zwölf Tage und Nächte lang müßig sein.

Adventsgedichte

Im Winter

Die Tage sind so dunkel,
Die Nächte lang und kalt;
Doch übet Sternenfunkel
Noch über uns Gewalt.

Und sehen wir es scheinen
Aus weiter, weiter Fern',
So denken wir, die Seinen,
Der Zukunft unsres Herrn.

Er war einmal erschienen
In ferner sel'ger Zeit,
Da waren, ihm zu dienen,
Die Weisen gleich bereit.

Der Lenz ist fortgezogen,
Der Sommer ist entflohn:
Doch fließen warme Wogen,
Doch klingt ein Liebeston.

Es rinnt aus Jesu Herzen,
Es spricht aus Jesu Mund,
Ein Quell der Lust und Schmerzen,
Wie damals, noch zur Stund'.

Wir wollen nach dir blicken,
O Licht, das ewig brennt,
Wir wollen uns beschicken
Zum seligen Advent!

MAX VON SCHENKENDORF

Verse zum Advent

Noch ist Herbst nicht ganz entflohn,
aber als Knecht Ruprecht schon
kommt der Winter hergeschritten,
und alsbald aus Schnees Mitten
klingt des Schlittenglöckleins Ton.

Und was jüngst noch, fern und nah,
bunt auf uns herniedersah,
weiß sind Türme, Dächer, Zweige,
und das Jahr geht auf die Neige,
und das schönste Fest ist da.

Tag du der Geburt des Herrn,
heute bist du uns noch fern,
aber Tannen, Engel, Fahnen
lassen uns den Tag schon ahnen,
und wir sehen schon den Stern.

THEODOR FONTANE

Advent

Es treibt der Wind im Winterwalde
Die Flockenherde wie ein Hirt,
und manche Tanne ahnt, wie balde
sie fromm und lichterheilig wird;
und lauscht hinaus. Den weißen Wegen
streckt sie die Zweige hin – bereit,
und wehrt dem Wind und wächst entgegen
der einen Nacht der Herrlichkeit.

RAINER MARIA RILKE

Kleine Begebenheiten vor Weihnachten

Du hast einen Brief bekommen,
beschrieben mit Herzschlägen,
und plötzlich spürst du:
ich werde geliebt.

Du hast einen Weg gefunden
im dunklen Wald der Träume,
und plötzlich merkst du:
ich werde in Licht gehen.

Du hast einen Stern gesehen
über dem kleinen Stall,
und plötzlich fühlst du:
ich werde nie allein sein.

JOHANNES THIELE

Auf dem Weg zur Krippe

Der adventliche Aufbau einer Weihnachtskrippe ist vielleicht das schönste Familienwerk, das wir für die Tage vom ersten Adventssonntag bis zum Weihnachtstag unternehmen können. Das aber will von sorgfältiger Hand vorbereitet, von Jahr zu Jahr mehr ausgeschmückt und in fleißiger Sammelarbeit immer mehr bereichert werden. Entscheidend für das Gelingen und die Wirkung unseres Vorhabens ist die Beschaffung wirklich guter Krippenfiguren.

Unerlässlich ist wohl, dass wir irgendwann einmal tief in die Tasche greifen, wenn wir Devotionalienhandlungen, Spielzeuggeschäfte, Weihnachtsmärkte und Antiquitätenläden durchstreifen. Oder wir bitten Freunde, uns dabei zu helfen, und tragen Stück für Stück die Gestalten der Heiligen Familie, die Engel und Hirten, Könige und Tiere zusammen.

Wenn wir genügend Akteure für den Aufbau des Krippenspiels zusammengebracht haben, greifen wir auch selbst zum Handwerkszeug. Zuerst schaffen wir uns auf einem sandbestreuten Brett den Schauplatz, die Bühne mit den Grundkulissen und Requisiten. Sie kann klein und hoch sein, dass sie in eine Zimmerecke passt, oder langgestreckt vor einer Wand aufgestellt werden und zeigt die nach vorn hin offene, strohgedeckte Bretter- oder Reisighütte, vielleicht in eine natürlich nach hinten abschließende Felssteingrotte geschmiegt. Palmen oder Waldbäume aus grüngefärbten Holzspänen erhalten in vorgebohrten Bodenlöchern ihren Platz. In die ärmliche Hütte stellen wir die leere, nackte Krippe auf gekreuzten Beinen. Über dieser noch leeren Szenerie, die wir auch einfach aus Tannenzweigen bauen können, schwebt zunächst als einzige Verheißung ein großer goldener Stern.

Und nun werden wir aus unseren Sammelschachteln und Kartons dieses Bild mit all den Figuren und Zutaten

beleben, die wir zusammengetragen haben. Ochs und Esel finden ihren Platz im Stall, Rehe und Hasen tauchen vielleicht neugierig im Gebüsch auf, die Schafe kommen mit ihren Hirten, Josef naht und Maria, die Heiligen Drei Könige lassen sich von ferne blicken, ziehen einer nach dem anderen daher mit Pferden und Kamelen. Immer mehr Zuschauerfiguren drängen herbei, stehen erwartungsvoll oder lagern in der Nähe der Krippe.

Für 24 Tage haben wir immer neue Ankömmlinge und Überraschungen bereit, und jeden Tag dürfen die Kinder einen Strohhalm oder ein weiches Federchen in die Krippe legen, bis schließlich am Weihnachtsabend das Christkind hineingebettet wird, vom Kleinsten in der Familie, denn er steht ihm innerlich noch am nächsten. Heller, flackernder Kerzenschein wird dann den Zauber dieser Szenerie neben dem Weihnachtsbaum beleben.

Wie früher Advent gefeiert wurde

Die stillste Zeit im Jahr

Immer am zweiten Sonntag im Advent stieg der Vater auf den Dachboden und brachte die große Schachtel mit dem Krippenzeug herunter. Ein paar Abende lang wurde dann fleißig geleimt und gemalt, etliche Schäfchen waren ja lahm geworden, und der Esel musste einen neuen Schwanz bekommen, weil er ihn in jedem Sommer abwarf wie ein Hirsch sein Geweih.

Aber endlich stand der Berg wieder wie neu auf der Fensterbank, mit glänzendem Flitter angeschneit, die mächtige Burg mit der Fahne auf den Zinnen und darunter der Stall. Das war eine recht gemütliche Behausung, eine Stube eigentlich, sogar der Herrgottswinkel fehlte nicht und ein winziges ewiges Licht unter dem Kreuz. Unsere Liebe Frau kniete im seidenen Mantel vor der Krippe, und auf der Strohschütte lag das rosige Himmelskind, leider auch nicht mehr ganz heil, seit ich versucht hatte, ihm mit der Brennschere neue Locken zu drehen. Hinten standen Ochs und Esel und bestaunten das Wunder. Der Ochs bekam sogar ein Büschel Heu ins Maul gesteckt, aber er fraß es ja nie. Und so ist es mit allen Ochsen, sie schauen nur und schauen und begreifen rein gar nichts.

Weil der Vater selber Zimmermann war, hielt er viel darauf, dass auch sein Patron, der heilige Joseph, nicht nur so herumlehnte. Er dachte sich in jedem Jahr ein anderes Geschäft für ihn aus. Joseph musste Holz hacken oder die Suppe kochen oder mit der Laterne die Hirten einweisen, die von überallher gelaufen kamen und Käse mitbrachten oder Brot oder was sonst arme Leute zu schenken haben.

Es hauste freilich ein recht ungleiches Volk in unserer Krippe, ein Jäger, der wie Wilddiebe am Strick hinter sich herzog, aber auch etliche Zinnsoldaten und der Fürst Bismarck und überhaupt alle Bresthaften aus der Spielzeugkiste.

Ganz zuletzt kam der Augenblick, auf den ich schon tagelang lauerte. Der Vater klemmte plötzlich meine Schwester zwischen die Knie, und ich durfte ihr das längste Haar aus dem Zopf ziehen, ein ganzes Büschel mitunter, damit man genügend Auswahl hatte, wenn dann ein golden gefiederter Engel darangeknüpft und über der Krippe aufgehängt wurde, damit er sich unmerklich drehte und wachsam umherblickte.

Das Gloria sangen wir selber dazu. Es klang vielleicht ein bisschen grob in unserer breiten Mundart, aber Gott schaut seinen Kindern ja ins Herz und nicht in den Kopf oder aufs Maul. Und es ist auch gar nicht so, dass er etwa nur Latein verstünde.

Mitunter stimmten wir auch noch das Lieblingslied der Mutter an, das vom Tannenbaum. Sie beklagte es ja oft, dass wir so gar keine musikalische Familie waren. Nur sie selber konnte gut singen, hinreißend schön für meine Begriffe, sie war ja auch in ihrer Jugend Kellnerin gewesen. Wir freilich kamen nie über die erste Strophe hinaus. Schon bei den ersten Tönen fing die Schwester aus übergroßer Ergriffenheit zu schluchzen an. Der Vater hielt ein paar Takte länger aus, bis er endlich merkte, dass seine Weise in ein ganz anderes Lied gehörte, etwa in das von dem Kanonier auf der Wacht. Ich selber aber konnte in meinem verbohrten Grübeln, wieso denn ein Tannenbaum zur Winterzeit grüne Blätter hatte, die zweite Stimme nicht halten. Daraufhin brachte die Mutter auch mich mit einem Kopfstück zum Schweigen und sang das Lied als Solo zu Ende, wie sie es gleich hätte tun sollen.

Advent, sagt man, sei die stillste Zeit im Jahr. Aber in meinem Bubenalter war es keineswegs die stillste Zeit. In diesen Wochen lief die Mutter mit hochroten Wangen herum, wie mit Sprengpulver geladen, und die Luft in der Küche war sozusagen geschwängert mit Ohrfeigen. Dabei roch die Mutter so unbeschreiblich gut, überhaupt ist ja der Advent die Zeit der köstlichen Gerüche. Es duftet nach Wachslichtern, nach angesengtem Reisig, nach Weihrauch und Bratäpfeln. Ich sage ja nichts gegen Lavendel und Rosenwasser, aber Vanille riecht doch eigentlich viel besser, oder Zimt und Mandeln.

Mich ereilten dann die qualvollen Stunden des Teigrührens. Vier Vaterunser das Fett, drei die Eier, ein ganzer Rosenkranz für Rücker und Mehl. Die Mutter hatte die Gewohnheit, alles Zeitliche in ihrer Kochkunst nach Vaterunsern zu bemessen, aber die mussten laut und sorgfältig gebetet werden, damit ich keine Gelegenheit fände, den Finger in den köstlichen Teig zu tauchen. Wenn ich nur erst den Bubenstrümpfen entwachsen wäre, schwor ich mir damals, dann wollte ich eine ganze Schüssel voll Kuchenteig aufessen, und die Köchin sollte beim geheizten Ofen stehen und mir dabei zuschauen müssen! Aber leider, das ist einer von den Knabenträumen geblieben, die sich nie erfüllt haben.

Am Abend nach dem Essen wurde der Schmuck für den Christbaum erzeugt. Auch das war ein unheilschwangeres Geschäft. Damals konnte man noch ein Buch echten Blattgoldes für ein paar Kreuzer beim Krämer kaufen. Aber nun galt es, Nüsse in Leimwasser zu tauchen und ein hauchdünnes Goldblättchen herumzublasen. Das Schwierige bei der Sache war, dass man vorher nirgendwo Luft von sich geben durfte. Wir saßen alle in der Runde und liefen blaurot an vor Atemnot, und dann geschah es eben doch, dass jemand plötzlich niesen musste. Im gleichen Augenblick segelte eine Wolke von glänzenden Schmetterlingen durch die Stube. Einerlei, wer den Zauber verschuldet hatte, das Kopfstück bekam jedenfalls ich, obwohl es nur bewirkte, dass sich der goldene Unsegen von neuem in die Lüfte hob. Ich wurde dann in die Schlafkammer verbannt und musste Silberpapier um Lebkuchen wickeln, um ungezählte Lebkuchen.

Kurz vor dem Fest, sinnigerweise am Tag des ungläubigen Thomas, musste der Wunschzettel für das Christkind geschrieben werden, ohne Kleckse und Fehler, versteht sich, und mit Farben sauber ausgemalt. Zuoberst verzeichnete ich anstandshalber, was ja ohnehin von selber eintraf, Pudelhaube oder jene Art von Wollstrümpfen, die so entsetzlich bissen, als ob sie mit Ameisen gefüllt wären. Darunter aber schrieb ich Jahr für Jahr mit hoffnungsloser Geduld den kühnsten meiner Träume, den Anker-Steinbaukasten, ein Wunderwerk nach allem, was ich davon gehört hatte. Ich glaube ja heute noch, dass sogar die Architekten der Jahrhundertwende ihre Eingebungen von dorther bezogen haben.

Aber ich selber bekam ihn ja nie, wahrscheinlich wegen der ungemein sorgfältigen Buchhaltung im Himmel, die alles genau verzeichnete, gestohlene Zuckerstücke und zerbrochene Fensterscheiben und ähnliche Missetaten, die sich durch ein paar Tage auffälliger Frömmigkeit vor Weihnachten auch nicht mehr abgelten ließen.

Wenn mein Wunschzettel endlich fertig vor dem Fenster lag, musste ich aus brüderlicher Liebe auch noch den für meine Schwester schreiben. Ungemein zungenfertig plapperte sie von einer Schlafpuppe, einem Kramladen, lauter albernes Zeug. Da und dort schrieb ich wohl ein heimliches „Muss nicht sein" dazu, aber vergeblich. Am Heiligen Abend konnte sie doch eine Menge von Früchten ihrer Unverschämtheit ernten. Der Vater, als Haupt und Ernährer unserer Familie, brauchte natürlich keinen Wunschzettel zu liefern. Für ihn dachte sich die Mutter in jedem Jahr etwas Besonderes aus. Ich erinnere mich noch an ein Sitzkissen, das sie ihm einmal bescherte, ein Wunderwerk aus bemaltem Samt, und mit einer Goldschnur eingefasst. Er bestaunte es auch sehr und lobte es überschwänglich; aber eine Weile später schob er es doch heimlich wieder zur Seite. Offenbar wagte es nicht einmal er, auf einem röhrenden Hirschen zu sitzen, mitten im Hochgebirge.

Für uns Kinder war es hergebracht, dass wir nichts schenken durften, was wir nicht selber gemacht hatten. Meine Schwester konnte sich leicht helfen, sie war ja immerhin ein Frauenzimmer und verstand sich

auf die Stickerei oder sonst eine von diesen hexenhaften Weiberkünsten, die mir zeitlebens unheimlich gewesen sind. Einmal nun dachte auch ich, etwas Besonderes zu tun. Ich wollte den Nähkessel mit Kufen versehen und einen Schaukelstuhl daraus zu machen, damit sie ein wenig Kurzweil hätte, wenn sie am Fenster sitzen und meine Hosen flicken musste. Heimlich sägte ich also und hobelte in der Holzhütte, und es geriet mir auch alles vortrefflich. Auch der Vater lobte meine Arbeit und meinte, es sei eine großartige Sache, wenn es nur auch gelänge, die Mutter in diesen Stuhl hineinzulocken.

Aber aufgeräumt, wie sie am Heiligen Abend war, tat sie mir wirklich den Gefallen. Ich wiegte sie, sanft zuerst und allmählich ein bisschen schneller, und es gefiel ihr ausnehmend wohl. Niemand merkte jedenfalls, dass die Mutter immer stiller und blasser wurde, bis sie plötzlich ihre Schürze an den Mund presste – es war durchaus kein Gelächter, was sie damit ersticken musste. Lieber, sagte sie hinterher, weit lieber wollte sie auf einem wilden Kamel durch die Wüste Sahara reiten, als noch einmal in diesem Stuhl sitzen! Und tatsächlich, noch auf dem Weg zur Mette hatte sie einen glasigen Blick, etwas seltsam Wiegendes in ihrem Schritt.

KARL HEINRICH WAGGERL

Advent in Wien

Seit einigen Tagen herrscht in der ganzen Stadt ein mehr als reges Treiben, das den Vorbereitungen zum Weihnachtsfest gilt. Die Kaufleute wetteifern untereinander, welcher von ihnen die lockendste Auswahl erlesener Dinge in ihren verschiedenen Läden auszustellen vermag. Obwohl London und Paris ausgedehnter sind und dadurch auch größere Geschäfte, ja Ausstellungssäle zur Verfügung stehen, vermögen sie doch nichts Besseres und Schöneres zu bieten, als man hier zu sehen bekommt.

In den wichtigen Artikeln, wie Shawls, Spitzen, Seidenstoffe, Atlas und anderem Mehr, ist es kaum möglich, dass sie irgendwo übertroffen werden könnten. Die Gold- und Silberschmiede und die Juweliere überbieten mit ihren kostbaren Kollektionen sicher die von Frankreich und England, mit Ausnahme vielleicht der unzugänglichsten Geheimschätze von Rundel & Bridges oder Hamlets in London. Das geschliffene Glas in den Auslagen ist über alle Vorstellung zart und schön. Man glaubt sich fast im Bannkreise eines Zauberers, so strahlend, so geschmackvoll und fantastisch in Gestalt und Farbe sind die Schöpfungen der böhmi-

schen Glasfabriken.

Die Fenster der Zuckerbäcker prangen hier allerdings nicht mit majestätisch aufgeschichteten und prächtig verzierten Christmas-Cakes wie bei uns. Stattdessen gibt es aufgereiht Bonbonnieren aller Art, welche die Augen blenden, denn es flimmert und funkelt wie in Grotten mit tausend Kristallen. Die Kunst, in Zucker zu arbeiten, wird nirgends, selbst nicht in Paris, mit größerer Vollkommenheit beherrscht als hier. So kann man alle Früchte der Erde unabhängig von der Jahreszeit genießen und hat es doch nur mit

Zuckerpflaumen zu tun. Diese Leckereien sehen auch äußerst lieblich aus. Indessen, wäre ich eine Wiener Hausfrau, so würde ich nie diese pyramidenförmig belegten Tabletts unter meinen Gästen herumreichen lassen. Jedes dieser Bonbons ist zierlich in Papier gewickelt, damit es zum Mund geführt werden kann, ohne die Handschuhe zu beflecken. Die Folge aber davon ist, dass die Teppiche im Gesellschaftszimmer darunter unvermeidlich leiden, denn es ist nicht ungewöhnlich, den Boden nach einigen Runden solcher Stärkungen mit diesen Zuckerpapierchen bestreut zu sehen.

Diese besonderen Vorbereitungen zum Feiern sind aber keineswegs nur auf die wohlhabenderen Klassen beschränkt. An jeder Straßenecke sieht man Frauen aus den niedrigen Ständen um Christbäume feilschen, die mit buntem Papier herausgeputzt sind. Diese Bäume werden in jeder Größe und für jeden Preis fast von jeder Familie in Wien, die noch Kinder hat, gekauft. Auch ist diese Sitte keineswegs der Hauptstadt eigentümlich; wie man mir sagt, gibt es keine Hütte in Österreich, die nicht etwas in der Art hat, um diese freudenreiche Zeit zu feiern. Der Baum heißt »Christbaum« und an den Zweigen hängen allerlei niedliche Spielsachen, Bijous und Bonbons, welche unter die beim Feste Anwesenden verteilt werden.

An den Bäumen, die auf der Straße verkauft werden, wird der Platz kostbarer Geschenke mit Äpfeln, Rosinen, Kastanien oder Pfefferkuchen behangen; alle aber sehen mit ihrem bunten Papierschmuck gefällig und feiertagsmäßig aus. Ich habe in dem Antlitz mancher armen Frau, welche zwischen den Zweigen, die mit rotem, und anderen, die mit blauem Papier geschmückt waren, schwankte, genau ebensoviel Freude gesehen, wie sie nur die reichste Dame empfinden konnte, während sie die elegantesten und kostbarsten Geschenke für ihre Verwandten und Freunde aussuchte.

FRANCES TROLLOPE

Nikolaus,
komm in unser
Haus

Der Tag des heiligen Nikolaus

Am Nikolaustag, am 6. Dezember, zieht geheimnisvoll, in süddeutschen Landen auch offen sichtbar, der heilige Nikolaus im Bischofsornat mit Mitra und Krummstab, zu Fuß oder auch auf einem weißen Pferd oder gar mit einem vollgepackten Esel durch die Straßen, begleitet von seinem rauhen Knecht Ruprecht oder in Österreich von dem roten Krampus mit der Teufelsfratze. Aber nur äußerlich scheint dieser wilde Diener so böse. Der gute Nikolaus lässt ihn höchstens einmal unartige Kinder erschrecken, im übrigen jagt er ihn in der Nacht Haus für Haus an den Dachrinnen und Vorsprüngen hinauf auf die Dächer, wo er in jeden Schornstein Geschenke hineinwerfen muss für die Kinder, die brav waren. Darum stellen diese klugerweise rechtzeitig ihre Schuhe zum Auffangen der Gaben bereit.

Ohne seinen Gesellen ist der Nikolaus also nicht »vollständig«: Da einem heiligen Bischof die Rute nicht gut ansteht, stellt man ihm in Süddeutschland und Österreich den Krampus zur Seite, der am Vorabend, am 5. Dezember, auch allein umgeht, in West- und Norddeutschland den schon erwähnten Knecht Ruprecht, Pelzmärtel, Klaubauf, Buller- oder Sünnerklas, die sogar noch auf heidnische Bräuche hinweisen. In Italien ist es die Befana, die die Rolle des Nikolaus spielt; sie erscheint aber erst am 5. Januar, am Vorabend von Epiphanias, von dem sie auch ihren Namen herleitet.

Früher war der 6. Dezember das große winterliche Gabenfest für die Kinder; erst in der Reformationszeit wurde die Weihnachtsbescherung eingeführt. Heute ist aus dem Nikolaus zumeist die »unchristliche« Figur des Weihnachtsmanns geworden, der gewöhnlich im roten pelzbesetzten Mantel und mit einem langen weißen Bart dargestellt wird.

Wer war der heilige Nikolaus?

Advent zu feiern geht auf das 5. Jahrhundert zurück. Dass daraus immer mehr eine spannende Festzeit vor allem für die Kinder geworden ist, kommt daher, dass Weihnachten weitgehend als das Kinderfest des Jahres aufgefasst wird, und dass sich alle mit dem Heiligen Nikolaus und seinem Knecht Ruprecht zusammenhängenden Legenden und Bräuche mit denen der Advents- und Weihnachtszeit verknüpft haben.

Im elften Jahrhundert überführten Kaufleute die Gebeine des Heiligen Nikolaus aus Kleinasien in ihre Heimatstadt Bari in Apulien; sie nahmen sie den Seeräubern ab, die sie aus Myra entführt hatten. Nikolaus war Bischof von Myra gewesen, einer kleinen Stadt in Vorderasien; von seinem Leben ist nur Legende bekannt. Zuerst allein in Myra verehrt, breitete sich sein Kult allmählich in ganz Vorderasien aus, und Nikolaus wurde zum wichtigsten Heiligen der griechisch-katholischen Kirche.

Je weniger man von ihm wusste, desto mehr Legenden rankten sich um seine Gestalt. Er wurde zum Retter aus Seenot und zum Beschützer der Seefahrer und von daher zum Patron der Kaufleute; als »Poseidon, der Meeresgott der Christen«, wie die späten Griechen und Römer ihn nannten, wurde er mit den Eigenschaften des Poseidon (römisch Neptun) ausgestattet. Und wie dieser von seinem als Menschenschreck erscheinenden Sohn Triton begleitet wurde, so gesellte man dem Nikolaus einen Gefolgsmann bei: den auch als Menschenschreck auftretenden Knecht Ruprecht, einen von dem Heiligen gezähmten Teufel.

Während nun in der griechisch-katholischen Kirche und besonders in Russland Nikolaus längst zum wichtigsten Heiligen überhaupt geworden war, drang der Kult in Westeuropa erst langsam durch, vor allem von Italien aus, nachdem in Bari seine Gebeine zu einer der großen Reliquien Europas geworden waren. Als dem »Poseidon der Christen« und Patron der Schifffahrt wurden ihm an allen Küsten Europas bis hinauf nach Skandinavien Kirchen geweiht. In Finnland und Lappland begegnete er nun wieder dem russischen Nationalheiligen mit seinem Knecht Ruprecht (daher der von Rentieren gezogene Schlitten).

Zum besonderen Schutzheiligen der Kinder aber wurde er durch zwei Legenden, die man ihm angedichtet hat und in denen er drei Knaben wieder zum Leben erweckte und drei Mädchen mit goldenen Kugeln beschenkte. Im Mittelalter wurde in vielen Teilen Europas am 6. Dezember ein Knabenbischof (*episcopus puerorum*) gewählt und feierlich eingekleidet, der dann – wie Jesus auf einem Esel reitend – mit seinem Gefolge die Stadt durchzog.

Die Sitte, am Vorabend des Nikolaustages den Schuh vor die Tür zu stellen, hat da ihren Ursprung: Früher musste der Schuh mit Heu für den Esel des Heiligen gefüllt sein, der zum Lohn dafür Pfefferkuchen, Äpfel und Marzipan hineintat.

Diese Zusammenhänge erklären manche Weihnachtsbräuche und -überlieferungen: St. Nikolaus, sein Knecht Ruprecht mit dem Rentier, der Schuh vor der Tür, die Verkindlichung des Weihnachtsfestes

überhaupt, das Marzipan als Weihnachts-
süßigkeit und schließlich der Weihnachtsmann. Letzterer freilich ist jüngeren Da-
tums: Heinrich Hoffmann von Fallersleben,
der Dichter der deutschen Nationalhymne,
schuf ihn durch sein 1835 erschienenes
»Lied vom Weihnachtsmann«, durch das
Nikolaus und Ruprecht in der Gestalt des
Weihnachtsmannes verschmolzen.

In manchen Gegenden Oberbayerns,
vor allem im Berchtesgadener Land, tritt
der Nikolaus als Bischof mit Hut und
Krummstab auf und besucht und segnet alle Häuser. Ihm voraus eilen unter der Führung eines Teufels die »Butt-
mandl«, die allerlei Unfug treiben, bevor der
Nikolaus erscheint. Vor allem trachten sie danach, die jungen Mädchen
zu umarmen und zu küssen. Ihre Masken sind sehr phantasievoll und
altüberliefert, gekleidet sind sie ganz und gar in Stroh.

Die Nikolaus-Legende

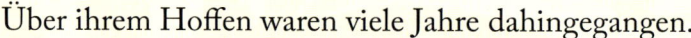

V or vielen hundert Jahren lebten weit weg von hier ein Kaufmann und seine Frau. Ihr Haus stand am Hafen der Stadt, und die Stadt hieß Myra.

Der Kaufmann und seine Frau waren fromm, wohlhabend und hoch geehrt, und jeder grüßte sie und verneigte sich vor ihnen. Denn wer einen Rat brauchte, der ging zu Euphemius, und der Hilfe brauchte, der ging zu Anna. So wäre alles gut gewesen, wenn die beiden einen Sohn gehabt hätten, einen Erben für Haus und Geschäft.

Über ihrem Hoffen waren viele Jahre dahingegangen.

Eines Nachts, zwischen Wachen und Träumen, sahen sie einen Engel an ihrem Bett stehen. »Euer Wunsch wird erfüllt werden«, sagte der Engel. »Ihr werdet einen Sohn bekommen. Gebt ihm den Namen Nikolaus.«

Zuerst dachten die beiden, sie hätten das alles geträumt. Aber dann bekam die Frau wirklich einen Sohn. Der Vater ließ ihn auf den Namen Nikolaus taufen, und ihre Freude wollte kein Ende nehmen.

Erst recht nicht, als Nikolaus heranwuchs und jeder sehen konnte, wie gut und klug er war – und wie fromm. Er konnte nicht genug hören von Gottes Wort und betete andächtig. Er kümmerte sich um die Armen und Kranken und brachte ihnen von allem, was in den Vorratshäusern seines Vaters lag: Mehl, Öl und Wein.

So wurde Nikolaus nicht ein Kaufmann wie sein Vater, sondern er wurde ein Priester. Er wollte allen Menschen von dem Heil erzählen, das mit dem Kind im Stall von Bethlehem auf die Welt gekommen war.

Kaum war Nikolaus ein Priester geworden, da zog nachts ein großes Unglück in die Stadt Myra ein. Es war eine Krankheit, die Pest genannt. Sie schlich sich von Haus zu Haus und nahm die Leute mit. Jeden Tag mussten viele Gräber geschaufelt werden, und zwei Gräber waren auch für die frommen Eltern von Nikolaus.

Zuerst wusste er vor Schmerz und Trauer nicht, wohin er sich wenden sollte. Dann verschenkte er alles Gut und Geld an die Armen, die von der Pest verschont worden waren, und machte sich zu einer Pilgerfahrt in das Heilige Land auf.

Nikolaus hatte auf dem weiten Weg viele Gefahren zu bestehen. Wölfe und Schlangen bedrängten ihn. Am Tag litt er unter der Hitze, nachts ließ ihn die Kälte keinen Schlaf finden. Er litt Hunger und Durst, und manchmal waren die wandernden Schafhirten seine einzige Zuflucht.

Dann aber war das Heilige Land erreicht. Nikolaus betete überall, wo Jesus gepredigt hatte und wo die Wunder geschehen waren: am See Genezareth, in Kapernaum und in Kanaan. Und bald wurde ihm wieder froh zumute.

Für den Heimweg fand Nikolaus ein Schiff, das in Myra Handel treiben wollte. Die Schiffsleute nahmen ihn auf, und so segelte er seiner Heimat entgegen.

Währenddessen war in Myra der Bischof gestorben. Alle Priester und Kirchenväter kamen in die Stadt. Sie versammelten sich im Kloster und berieten, wer ihr neuer Bischof werden sollte. Der eine war zu jung, der andere war zu alt. Der eine predigte zu laut, der andere zu leise. An jedem war etwas auszusetzen. So blieb ihnen als letzter Ausweg nur noch, Gott um Rat zu bitten.

Als alle miteinander gebetet hatten, sagte einer: »Mir war, als hätte jemand geflüstert: Der erste Fromme, der morgen früh in die Kirche tritt, soll euer neuer Bischof sein.«

Der erste Fromme – wer würde es sein?

An diesem Morgen erwachte Nikolaus davon, dass er die Ankerkette rasseln hörte. »Sind wir in Myra?« fragte er.

Der Steuermann nickte. »Schau, gleich wird die Sonne aufgehen.« Und richtig, Augenblicke später waren der Himmel, die Dächer und Türme der Stadt wie mit Gold übergossen.

Da freute sich Nikolaus über seine glückliche Heimkehr und wollte Gott dafür in der Kirche danken. Und so war er der erste Fromme, der an diesem Morgen in die Kirche kam, und er wurde mit allen Ehren der neue Bischof von Myra. Er predigte und betete und ging zu denen hin, die nicht zu ihm kommen konnten, und allen gab er Rat und Trost und Hilfe.

Nicht lange, und die Leute verehrten ihn.

Als Nikolaus schon eine Zeitlang Bischof war, geriet vor der Stadt ein Schiff in einen furchtbaren Sturm. Das Meer wütete und tobte, und die Schiffsleute riefen in ihrer Todesangst Gott um Hilfe an. Plötzlich stand ein Mann am Steuer, den sie noch nie gesehen hatten. Er nickte ihnen zu und brachte das Schiff ruhig und sicher in den Hafen. Dann war der Mann wieder verschwunden.

Die Schiffsleute aber, die Gott für ihre Rettung in der Kirche danken wollten, erkannten den fremden Steuermann wieder. Er stand vor ihnen und predigte. Es war der Bischof Nikolaus.

Ein paar Jahre später herrschte in Myra große Hungersnot. Nicht einmal Nikolaus wusste noch einen Rat. Eines Tages aber legten Schiffe im Hafen an. Sie kamen aus Ägypten und hatten Getreide geladen. Getreide, aus dem sich Mehl mahlen und Brot backen ließ. »Gebt mir aus jedem Sack nur zwei Hände voll«, bat Nikolaus, »und es wird euch nicht ein einziges Korn fehlen.«

Und wahrhaftig, zwei Hände aus jedem Sack voll Getreide machten die Leute aus Myra viele Wochen lang satt.

Den Schiffsleuten aber fehlte, als sie in Konstantinopel ausladen mussten, nicht ein einziges Körnlein.

Einmal kam Nikolaus nach Hause. Da hörte er, dass ein Mann in Schulden geraten war und nicht mehr ein noch aus wusste. Deshalb hatte er sich entschlossen, seine drei Töchter zu verkaufen.

Das darf niemals geschehen, dachte Nikolaus. Er füllte drei Beutel mit Geld und Gold und warf sie nachts durch den Schornstein in das Haus hinein. Er wusste, die Mädchen würden die Beutel schon finden. Sie waren nämlich morgens die ersten, die aufstanden, um Haus und Hof zu versorgen.

Auf einer langen Wanderung ruhte sich Nikolaus einmal in einer Schenke aus. Er aß und trank und dachte bei sich: Warum kann mir der Wirt nur nicht in die Augen sehen? Es muss ihn eine schwere Schuld bedrücken.

Nikolaus sprach mit ihm. Er redete ihm ins Gewissen, und der Wirt konnte es nicht länger verbergen. Er hatte drei fahrende Schüler getötet, die unterwegs gewesen waren, um sich mit Singen und Spielen ein paar Geldstücke zu verdienen.

Nikolaus ließ sich zu den Schülern führen. Er berührte sie und hob einen nach dem anderen aus dem hölzernen Bottich heraus, in dem der Wirt sie versteckt hatte. Da waren sie gesund und lebendig, als wäre ihnen gar nichts geschehen.

Nikolauslieder und -verse

Niklaus, Niklaus, heiliger Mann,
zieh die großen Stiefel an,
reis damit nach Spanien,
kauf Äpfel, Nüss', Kastanien!

Sankt Niklas ist ein braver Mann,
bringt den kleinen Kindern was,
die großen lässt er laufen,
die können sich was kaufen.

Draußen weht es bitterkalt.
Wer kommt da durch den Winterwald?
Stipp-stapp, stipp-stapp und huckepack –
Knecht Ruprecht ist's mit seinem Sack.
Was ist denn in dem Sacke drin?
Äpfel, Mandeln und Rosin'
und schöne Zuckerrosen,
auch Pfeffernüss' fürs gute Kind.
Die andern, die nicht artig sind,
die klopft er auf die Hosen.

Ins Fenstereck, im Mondenschein,
stellte ich den Schuh hinein.
Nikolaus, vergiss ihn nicht!
Tu hinein, was mir gebricht:
Nüss und Äpfel und süßen Kram,
dass ich mich herzlich freuen kann!

Was steht da draußen vor der Tür?
Komm doch zu uns herein!
Es sind ja artige Kinder hier,
die sich schon lange freun.
Komm herein, sei unser Gast.
Bring uns alles, was du hast.

Knecht Ruprecht aus dem Walde

| G | D | C | D |

Knecht Ruprecht aus dem Walde,

| G | D | C | D |

komm zu uns nun balde,

| G | D/Fis | Bm | Em | D |

bring uns süße Äpfel mit nach

| G | Am/C | D7 | G |

gutem Brauch und alter Sitt'.

| Bm | C9 | D7 | G | C | G |

Ria, ria, ria rullalla.

MUSIK UND TEXT: VOLKSLIED

Lasst uns froh und munter sein

Lasst uns froh und mun-ter sein

und uns recht von Her-zen freun!

1-5. Lu-stig, lu-stig, tra-le-ra-le-ra!

Bald ist Nik-laus- a-bend da,

bald ist Nik-laus- a-bend da!

Dann stell ich den Teller auf,
Niklaus legt gewiss was drauf.
Lustig, lustig, traleralera!
Bald ist Niklausabend da,
bald ist Niklausabend da!

Wenn ich schlaf, dann träume ich:
Jetzt bringt Niklaus was für mich.
Lustig, lustig, traleralera!
Bald ist Niklausabend da,
bald ist Niklausabend da!

Wenn ich aufgestanden bin,
lauf ich schnell zum Teller hin.
Lustig, lustig, traleralera!
Bald ist Niklausabend da,
bald ist Niklausabend da!

Niklaus ist ein guter Mann,
dem man nicht genug danken kann.
Lustig, lustig, traleralera!
Bald ist Niklausabend da,
bald ist Niklausabend da!

MUSIK: VOLKSLIED / TEXT. AUS DEM HUNSRÜCK, 19. JAHRHUNDERT

Niklaus, komm in unser Haus

Ni - klaus, komm__ in __ un - ser Haus,

pack die gro - ßen__ Ta - schen aus.

Lu - stig, lu - stig tral - le - ral - la - la!

Heut ist Ni - klaus - a - bend da,

heut ist Ni - klaus - a - bend da!

Stell das Pferdchen untern Tisch,
dass es Heu und Hafer frisst.
Lustig, lustig trallerallala,
heut ist Niklausabend da,
heut ist Niklausabend da!

Heu und Hafer frisst es nicht,
Zuckerplätzchen kriegt es nicht.
Lustig, lustig trallerallala,
heut ist Niklausabend da,
heut ist Niklausabend da!

MUSIK UND TEXT: VOLKSLIED

Die Nikolausbescherung

W enn der Nikolaus »in eigener Person« erscheint, klopft er recht fest an die Tür, stapft mit seinem schweren Sack, dicken Pelzschuhen und Handschuhen herein, lässt sich von den Kindern ein Lied vorsingen oder ein Gedicht aufsagen. Erstaunlich genau hält er ihnen vielleicht ihr »Sündenregister« vor – allerdings mit einem Augenzwinkern –, und sie müssen ihm feierlich versprechen, solche Dinge nicht mehr anzustellen.

Schon im ersten Schuljahr werden wir den Kindern vom heiligen Nikolaus erzählen, wie er in seiner christlichen Güte die Kinder beschenkte und wie wir zum Andenken an seinem Namenstag diesen Brauch aufrecht erhalten. Und dass sich auch dieses Jahr wieder jemand verkleiden darf, um den Kindern Geschenke zu bringen. Gleich-  zeitig können wir ihnen wohl auch schon erklären, dass das Christkind, das die Geschenke bringt, die Liebe der Eltern zu ihren Kindern ist, dass es zwar nicht leibhaftig zu sehen ist, aber mit seiner Geburt am Beginn unserer Zeitrechnung in unsere Herzen eingezogen ist und sie in Liebe zum Leuchten bringt. Und dass deshalb das Weihnachtsfest, an dem Gott uns Christus schenkte, in der ganzen Welt gefeiert wird.

Wir brauchen nicht zu fürchten, den Kindern dadurch etwas von der Poesie des Weihnachtsfestes zu rauben. Sie halten trotzdem noch gern und lange an ihren geliebten »Märchengestalten« fest. Aber wir entgehen der großen Gefahr, dass sie sich von ihren Eltern beschwindelt fühlen und etwa gar im Pubertätsalter dann daraus schließen, dass auch die Kirche die Menschen nur mit Gott und Christus beschwindelt, um sie zu einem moralischen Leben anzuhalten.

Der Nikolausschuh

Der bekannteste Brauch zum Nikolaustag ist der, dass die Kinder ihre Schuhe oder Strümpfe am Vorabend ans Fenster oder vor die Türe stellen dürfen und der Nikolaus sie über Nacht füllt. Schon ein ganz alter Spruch heißt:

Sankt Nikolaus, leg mir ein,
was dein guter Will mag sein.
Äpfel, Nuss und Mandelkern
essen kleine Kinder gern.

Für diesen Zweck können wir aus bunten Stoffresten oder doppeltem Krepp-Papier einfach aus zwei Teilen hohe Schuhe nähen, bunt besticken oder ein paar bunte Flecken zur Verzierung aufkleben Sollten die Kinder aber gerade Hausschuhe brauchen, so ist das ein besonders nettes Nikolausgeschenk.

Die schönsten Nikolaus-Gedichte

Frohe Botschaft

Früh, eh ich's konnt begreifen,
hört ich schon etwas pfeifen,
hört ich schon etwas brummen,
wie tausend Bienen summen.
Was ist denn los? Ach ja:
Der Weihnachtsmann ist da!

Die Raben und die Spatzen,
sie müssen's weiterschwatzen;
in alle Häuser dringt es,
von allen Glocken klingt es.
Was läuten sie? O ja:
Der Weihnachtsmann ist da!

Mit seinem braven Esel
zieht er von Thorn bis Wesel;
wo Mädels sind und Buben,
tritt er in ihre Stuben
und langt aus Sack und Taschen
zum Spielen was und Naschen.
Wo habt ihr's her? Na ja:
Der Weihnachtsmann war da!

PAULA DEHMEL

Bescheidene Frage

Sankt Nikolas, Sankt Nikolas,
bringst du der flinken Grete was?
Sie ist fast immer artig gewesen,
hat fleißig in ihrer Fibel gelesen,
kann das große H schon ganz richtig schreiben,
wird Ostern gewiss nicht sitzen bleiben;
Sankt Nikolas, Sankt Nikolas,
schenkst du ihr was?

Sankt Nikolas, Sankt Nikolas,
bringst du dem dicken Peterle was?
Er ist noch zu klein, um zur Schule zu gehn,
aber beten kann er schon wunderschön:
»Lieber Dott, mach alle Menßen dut,
nimm alle unter deinen Hut!«
Sankt Nikolas, Sankt Nikolas,
schenkst du ihm was?

Sankt Nikolas, Sankt Nikolas,
bringst du der kleinen Lene was?
Sie gehört der armen Flick-Marie
und hat schon lange ein schlimmes Knie;
zum Spielen kommt sie gar nicht mehr raus,
sieht immer so blass und ängstlich aus.
Sankt Nikolas, Sankt Nikolas,
schenkst du ihr was?

Sankt Nikolas, Sankt Nikolas,
ich wünsch mir selber auch noch was:
Möcht in der Weihnacht mit dir gehn,
mir all die fröhlichen Kinder besehn,
wie sie tanzen und tuten, knabbern und schlucken
und am strahlenden Christbaum die Wunder angucken.
Sankt Nikolas, Sankt Nikolas,
schenkst du mir das?

PAULA DEHMEL

Knecht Ruprecht

Draußen weht es bitterkalt,
wer kommt da durch den Winterwald?
Stippstapp, stippstapp und huckepack –
Knecht Ruprecht ist's mit seinem Sack.
Was ist denn in dem Sacke drin?
Äpfel, Mandeln und Rosin'
und schöne Zuckerrosen,
auch Pfeffernüss' fürs gute Kind;
die andern, die nicht artig sind,
klopft er auf die Hosen.

MARTIN BOELITZ

Sankt Niklas' Auszug

Sankt Niklas zieht den Schlafrock aus,
klopft seine lange Pfeife aus
und sagt zur heiligen Kathrein:
Öl mir die Wasserstiefel ein,
bitte hol auch den Knotenstock
vom Boden und den Fuchspelzrock,
die Mütze lege oben drauf,
und schütte dem Esel tüchtig auf,
halt auch sein Sattelzeug bereit;
wir reisen, es ist Weihnachtszeit.
Und dass ich's nicht vergess, ein Loch
ist vorn im Sack, das stopfe noch!
Ich geh derweil zu Gottes Sohn
und hol mir meine Instruktion.

Die heilige Käthe, sanft und still,
tut alles, was Sankt Niklas will.
Der klopft indes beim Herrgott an,
Sankt Peter hat ihm aufgetan
und fragt: Grüß Gott! wie schaut's denn aus?
und führt ihn ins himmlische Werkstättenhaus.

Da sitzen die Englein an langen Tischen,
ab und zu Feen dazwischen,
die den Kleinsten zeigen, wie's zu machen,
und weben und kleben die niedlichsten Sachen,
hämmern und häkeln, schnitzen und schneidern,
fälteln die Stoffe zu zierlichen Kleidern,
packen die Schachteln, binden sie zu
und haben so glühende Bäckchen wie Du.

Herr Jesus sitzt an einem Pult
und schreibt mit Liebe und Geduld
eine lange Liste. Potz Element,
wie viel artige Kinder Herr Jesus kennt!
Die sollen die schönen Engelsgaben
zu Weihnachten haben.

Was fertig ist, wird eingesackt
und auf das Eselchen gepackt.
Sankt Niklas zieht sich recht warm an;
Kinder, er ist ein alter Mann,
und es fängt tüchtig an zu schnein,
da muss er schon vorsichtig sein.

So geht es durch die Wälder im Schritt,
manch Tannenbäumchen nimmt er mit;
und wo er wandert, bleibt im Schnee
manch Futterkörnchen für Hase und Reh.
Aus Haus und Hütte strahlt es hell,
da hebt er dem Esel den Sack vom Fell,
macht leise alle Türen auf,
jubelnd umdrängt ihn der kleine Hauf:

Sankt Niklas, Sankt Niklas,
was hast du gebracht?
was haben die Englein
für uns gemacht?
»Schön Ding, gut Ding,
aus dem himmlischen Haus;
langt in den Sack! Holt euch was raus!«

PAULA DEHMEL

Knecht Ruprecht

Von drauß' vom Walde komm ich her;
Ich muss euch sagen, es weihnachtet sehr!
Allüberall auf den Tannenspitzen
Sah ich goldene Lichtlein sitzen;
Und droben aus dem Himmelstor
Sah mit großen Augen das Christkind hervor,
Und wie ich so strolcht durch den finsteren Tann.
Da rief's mich mit heller Stimme an:
»Knecht Ruprecht«, rief es, »alter Gesell,
Hebe die Beine und spute dich schnell!
Die Kerzen fangen zu brennen an,
Das Himmelstor ist aufgetan,
Alt und Junge sollen nun
Von der Jagd des Lebens einmal ruhn;
Und morgen flieg ich hinab zur Erden,
Denn es soll wieder Weihnachten werden!«
Ich sprach: »O lieber Herre Christ,
Meine Reise fast zu Ende ist;
Ich soll nur noch in diese Stadt,
Wo's eitel gute Kinder hat.«
»Hast denn das Säcklein auch bei dir?«
Ich sprach: »Das Säcklein, das ist hier:
Denn Äpfel, Nuss und Mandelkern
Essen fromme Kinder gern.«
»Hast denn die Rute auch bei dir?«
Ich sprach: »Die Rute, die ist hier;
Doch für die Kinder nur, die schlechten,
Die trifft sie auf den Teil, den rechten.«
Christkindlein sprach: »So ist es recht;
So geh mit Gott, mein treuer Knecht!«

Von drauß' vom Walde komm ich hier;
Ich muss euch sagen, es weihnachtet sehr!
Nun sprecht, wie ich's hierinnen find!
Sind's gute Kind, sind's böse Kind?

THEODOR STORM

Knecht Ruprecht in Nöten

Knecht Ruprecht kratzt sich seinen Bart
und rückt zurecht die Brille:
Ihr Engelskinder, lärmt nicht so,
seid mal ein bisschen stille!
Kommt, rückt hübsch artig zu mir ran,
seht euch mal das Bestellbuch an!

Was steht hier auf dem ersten Blatt?
was auf dem zweiten, dritten?
was steht am Ende von dem Buch?
was steht hier in der Mitten? –:
Ach Weihnachtsmann, wir bitten sehr,
schick uns doch mal das Luftschiff her!

Hans möchte nach Amerika,
und Fritz zu Tante Lotte,
Kurt durch die Luft zu Großpapa,
Marie zum lieben Gotte;
Georg will bloß nach Neuruppin
Mit Zeppelin, mit Zeppelin.

Ach Zeppelin, du Zaubermann,
's ist aus der Haut zu fahren,
das ganz liebe kleine Pack
will bloß noch Luftschiff fahren;
dein Fahrzeug ist ja viel zu klein,
da gehn nicht alle Kinder rein.

Ihr Engelskinder, helft mir doch
in meinen Weihnachtsnöten,
baut mir ein Luftschiff riesengroß
mit hunderttausend Böten,
lasst lustig die Propeller gehn,
da sollt ihr mal die Freude sehn!

Hurra, schreit da die Engelschar,
wir helfen alle, alle.
Nach dreien Tagen, blitzeblank,
stehts Luftschiff in der Halle.
Dank schön, sagt Ruprecht, fährt hinab,
holt alle Jungs und Mädels ab
zur Flugfahrt durch die Welten.
Ob sie sich nicht erkälten?

PAULA DEHMEL

Vorfreude und große Erwartungen

Gibt es das Christkind?

Die achtjährige Virginia aus New York schrieb vor langer Zeit an die Zeitung SUN einen Brief:

Ich bin acht Jahre alt. Einige von meinen Freunden sagen, es gibt kein Christkind. Papa sagt, was in der SUN steht, ist immer wahr. Bitte sagen Sie mir – gibt es ein Christkind?

Virginia O'Hanlon

Und diese Antwort bekam die kleine Virginia:

Liebe Virginia,

deine kleinen Freunde haben nicht recht. Sie glauben nur, was sie sehen; sie glauben, dass es nicht geben kann, was sie mit ihrem kleinen Geist nicht erfassen können.

Aller Menschengeist ist klein, ob er nun einem Erwachsenen gehört oder einem Kind. Im Weltall verliert es sich wie ein Insekt. Solcher Ameisenverstand reicht nicht aus, die ganze Wahrheit zu begreifen.

Ja, Virginia, es gibt ein Christkind. Es gibt es so gewiss wie die Liebe und die Großherzigkeit und die Treue. Weil es all das gibt, kann unser Leben schön und heiter sein. Wie dunkel wäre die Welt, wenn es kein Christkind gäbe!

Es gäbe dann auch keine Virginia, keinen Glauben, keine Poesie – gar nichts, was das Leben erst erträglich macht. Ein Flackergeist an sichtbarem Schönen bliebe übrig.

Aber das Licht der Kindheit, das die Welt aus-
strahlt, müsste verlöschen.

Es gibt ein Christkind. Sonst könntest du
auch den Märchen nicht glauben. Gewiss
könntest Du Deinen Papa bitten, er solle am
Heiligen Abend Leute ausschicken, das Christkind zu fangen. Und keiner von ihnen bekäme
das Christkind zu Gesicht – was würde das beweisen?

Kein Mensch sieht es einfach so. Das beweist
gar nichts. *Die wichtigsten Dinge bleiben meistens unsichtbar.* Die Elfen zum Beispiel, wenn
sie auf Mondwiesen tanzen. Trotzdem gibt es sie.

All die Wunder zu denken – geschweige denn, sie zu sehen – das
vermag nicht der Klügste auf der Welt.

Was du auch siehst, du siehst nie alles. Du kannst ein Kaleidos-
kop aufbrechen und nach den schönen Farbfiguren suchen. Du wirst
einige bunte Scherben finden, nichts weiter.

Warum? Weil es einen Schleier gibt, den nicht einmal alle Gewalt
auf der Erde zerreißen kann. Nur Glaube und Poesie und Liebe können
ihn lüften.

Dann wird die Schönheit und Herrlichkeit dahinter auf einmal zu
erkennen sein. „Ist das denn auch wahr?« kannst du fragen. Virginia,
nichts auf der ganzen Welt ist wahrer und beständiger.

Das Christkind lebt, und ewig wird es leben. Sogar
in zehnmal zehntausend Jahren wird es da sein,
um Kinder wie dich und jedes offene Herz mit
Freude zu erfüllen.

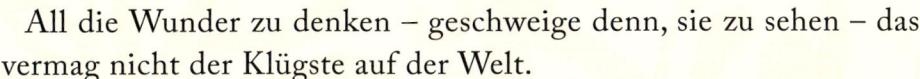

Frohe Weihnacht, Virginia!

Gedichte über die Vorfreude

Freude

Freude soll nimmer schweigen.
Freude soll offen sich zeigen.
Freude soll lachen, glänzen, singen.
Freude soll danken ein Leben lang.
Freude soll dir die Seele durchschauern.
Freude soll weiterschwingen.
Freude soll dauern ein Leben lang.

JOACHIM RINGELNATZ

Der Traum

Ich lag und schlief; da träumte mir
   ein wunderschöner Traum:
Es stand auf unserm Tisch vor mir
   ein hoher Weihnachtsbaum.

Und bunte Lichter ohne Zahl,
   die brannten ringsumher;
   die Zweige waren allzumal
   von goldnen Äpfeln schwer.

Und Zuckerpuppen hingen dran;
   das war mal eine Pracht!
da gab's, was ich nur wünschen kann
   und was mir Freude macht.

Und als ich nach dem Baume sah
   und ganz verwundert stand,
nach einem Apfel griff ich da,
   und alles, alles schwand.

Da wacht' ich auf aus meinem Traum,
   und dunkel war's um mich.
Du lieber, schöner Weihnachtsbaum,
   sag an, wo find' ich dich?

Da war es just, als rief er mir:
»Du darfst nur artig sein;
dann steh ich wiederum vor dir;
   jetzt aber schlaf nur ein!

Und wenn du folgst und artig bist,
   dann ist erfüllt dein Traum,
dann bringet dir der heil'ge Christ
   den schönsten Weihnachtsbaum.«

HEINRICH HOFFMANN
VON FALLERSLEBEN

Auf was soll ich mich freuen?

Auf was soll ich mich freuen?
Der Wünsche sind so viel.
Freu mich wohl am meisten
aufs Kasperpuppenspiel?

Nein, auf den Teddybären!
Nein, auf das Marzipan!
Nein, auf das Spielzeugauto!
Nein, auf den Hampelmann!

Ich hab so viele Wünsche.
Ich weiß nicht, was ich will.
Ich glaub', ich möcht am liebsten
ein Kasperpuppenspiel.

BRUNO HORST BULL

Die Weihnachtsbastelei

Der Weihnachtsbogen

Der Weihnachtsbogen, der vermutlich nordischen Ursprungs ist und ein altes Fruchtbarkeitssymbol darstellt, gehört heute noch mancherorts zu den weihnachtlichen Aufbauten. Mann und Frau und Kind, als Josef, Maria und Christkind gedeutet, stehen als flache Lebkuchenfiguren an das Gestell aus Haselruten oder Holzstäben gelehnt, das reich mit Äpfeln, Dörrpflaumen, Nüssen, Zuckerwerk und auch mit Lichtern geschmückt wird.

In die Fenster wird ein hölzerner Rundbogen mit sechs Kerzen gestellt (oder auch elektrischen Kerzen), die nach draußen ein stimmungsvolles Bild vermitteln. Diese Lichterpyramide war viele Jahrhunderte lang der Mittelpunkt familiärer Weihnachtsfeiern, denn die allgemeine Einbürgerung des uns heute so vertrauten Weihnachts- oder Christbaums ist erst hundert Jahre alt.

Der Rauschgoldengel

Der Rauschgoldengel, der am Adventssonntag als Symbol der Verkündigung zwischen zwei Kerzenleuchtern aufgestellt wird, feiert alljährlich seine Wiederauferstehung aus der wattegepolsterten Ruheschachtel, in der er seit dem vorigen Christfest geschlafen und geträumt hat. Wir haben ihn nach langer Suche einmal in einem Künstlerladen oder auf dem Weihnachtsmarkt gekauft. Oder wir machen uns – angeregt von den prächtigen, bunten Kunstwerken, die wir gesehen haben – selbst an seine Erschaffung.

Ein Paradiesgärtlein

Ein Paradiesgärtlein unter dem Weihnachtsbaum aufzustellen, ist ein weit-
verbreiteter Brauch, der wohl damit zusam-
menhängt, dass der Tag des Heiligen Abends
auch Namenstag des ersten Menschenpaares
Adam und Eva ist. So zierlich und liebenswürdig
wie die erzgebirgischen und süddeutschen Spielzeug-
schnitzer und Zinngießer werden wir so ein winziges Paradiesgärtlein kaum mit eigener Hand zustande bringen.

Wir sollten darum rechtzeitig auf Reisen und auf dem Weihnachtsmarkt danach fahnden, aber natürlich ist auch hierbei dem künstle-
rischen Schaffensdrang keine Grenze gesetzt: Adam und Eva unterm
Apfelbaum, die um diesen sich ringelnde Schlange und rings um den
kleinen Garten ein Zaun – das lässt sich auf vielerlei Weise lösen.

Die Weihnachtspyramide

Die Weihnachtspyramide, das durch die Lichterwärme geheimnisvoll leise sich drehende festliche Karussell, welches flüchtige Schatten an die Stubendecke wirft, ist neben der Krippe das zweite Werk, das in Angriff genommen oder erneuert werden kann.

Wir brauchen eine Fundamentalscheibe mit den Löchern für die Kerze und dem »Lager« für die Stricknadel, die in die Mittelachse eingesetzt ist, die zwei oder drei Etagenscheiben, welche die Figuren tragen, und darüber das gefächerte Windrad aus leichtestem Sperrholz. Eine Arbeit für Holzbastler, die auch das herumfahrende Figurenwerk entwerfen, aussägen und anmalen können: Die Krippe mit dem Christkind, Maria und Josef, Ochs und Esel und die Heiligen Drei Könige, für den zweiten Stock darüber Hirten, Schäfchen und Bäume, und auf der dritten Scheibe ganz oben vielleicht noch einen Kranz von Engeln.

Wer sich an so kunstvolles Gestalten nicht heranwagt, kann auch auf erzgebirgische Spielzeugfiguren zurückgreifen und damit eine reizvolle Wirkung erzielen. Auf jeden Fall soll von unserer Weihnachtspyramide gelten, was wir schon von unserem Rauschgoldengel verlangt haben: Sie soll unverwechselbar sein, ein echtes Haus und Familienstück, das immer wieder hervorgeholt und Jahr für Jahr noch reicher ausgestattet wird.

Wiener Christkindlmarkt um die Jahrhundertwende

Der Christkindlmarkt war für die liebe Jugend der neunziger Jahre (des neunzehnten Jahrhunderts) – eine Märchenwelt. Nicht dass man dort Dinge zu sehen bekam, die es anderswo nicht gegeben hätte. In den Schaufenstern der großen Geschäfte der Inneren Stadt und der Mariahilferstraße gab es unbestritten prächtigeres, kostspieligeres Spielzeug und all die anderen Sachen, nach denen sich Kinderherzen sehnen. Am Christkindlmarkt wurden nur die primitiveren, die allereinfachsten und billigsten Geschenkartikel, die auf und unter den Christbaum gehören, feilgeboten. Aber die Aufmachung, das Dunkle und Geheimnisvolle, das über

dem Ganzen lag, verklärt durch die wundervolle Kinderphantasie und gemengt mit der Erwartungsfreude, die in diesen Tagen das kindliche Gemüt erfüllt, riefen in allen, auch in den Großen, eine feierliche, geradezu weihevolle Stimmung hervor, sobald sie in die engen Wege zwischen den Buden traten.

Besonders in den Abendstunden, da es finster auf dem weiten Platze war, schwaches Licht von Kerzen und Ölfunzerln die Stände spärlich erleuchtete und mitten drin der Vater Radetzky

gespenstisch auf das Getriebe unter ihm »owa« schaute, mit ausgestrecktem Arm wie ein berittener Polizist, der den Verkehr zu regeln hat, wirkte der Markt geheimnisvoll. Die Kinder vermeinten, den Flügelschlag des Christkindls in der winterlich reinen Luft rauschen zu hören ...

Auf den Tischen und Verkaufsbuden lagen die Herrlichkeiten ausgebreitet. Puppen, die quietschten, wenn man ihnen auf den Bauch drückte, Hutschpferde, Puppenküchen, Öfen und Puppengeschirr; Säbel, Gewehre und Tschakos, Eisenbahnen, die selbst fahren konnten, Bilderbücher, Christbaumschmuck, Windbäckerei, Lebkuchen und Engerln für die Spitze des Christbaums, und dann standen inmitten eines kleinen Wäldchens die Verkäufer der immergrünen Tannenbäume. Die größte Zugkraft übten die Weihnachtskrippen aus, primitive hölzerne Darstellungen der Stallkrippe mit dem Jesukindlein und den anbetenden Hirten.

ROBERT ASCHER

Der Weihnachtsbaum

Der Christbaum nimmt als alles überstrahlendes Schmuckstück des Weihnachtsfestes unsere Phantasie in besonderer Weise in Anspruch. Schwer vorzustellen, wie gesagt, dass er vor noch nicht langer Zeit in anderen Ländern fast unbekannt war. Die Historiker haben herausgefunden, dass er erst im vorigen Jahrhundert von Deutschland aus in der ganzen Welt bekannt und beliebt wurde. Seine Heimat, so berichten alte Quellen, ist Straßburg. Dort ist er seit dem siebzehnten Jahrhundert Brauch. Man schmückte ihn mit Papierrosen als Symbol für die Rose vom Zweig Jesse, von der das alte Weihnachtslied »Es ist ein Ros entsprungen« singt, und mit Äpfeln; so wurde er ein Paradiesbaum, der, durch Christus vom Fluch befreit, nun wieder Früchte tragen darf. Und man steckte ihm Kerzen auf, die strahlend verkünden sollten: »Ich bin das Licht der Welt.«

Wir sollten, wenn wir an den Schmuck unseres Weihnachtsbaumes herangehen, diese alten Bedeutungen nicht vergessen. Aber wir können auch alles das heranholen, was Kunstsinn und Spieltrieb inzwischen erdacht und erfunden haben, um ihn als einen zauberhaften Paradiesbaum erstrahlen zu lassen.

Rotbackige, glänzend polierte Äpfel, Kerzen, Zuckerwerk, Lametta und vor allem die Wunderwerke der Glasbläserkunst, die goldenen, silbernen, roten und blauen Kugeln, in denen sich die ganze Weihnachtsstube magisch spiegelt, Vögel und andere Tiere aus Glas, Glaskugelketten und die zauberhafte Silberspitze für die Krönung des Baumes kaufen wir auf dem Weihnachtsmarkt oder in Dekorationsgeschäften. Jedes Jahr halten wir nach neuen Prunkstücken Ausschau, die dann gleichsam dem »Familienschmuck« zugefügt und für spätere Generationen aufbewahrt werden. Es ist sehr schön, alte Wachsengel, Holzgeschnitztes, alte Glasbläsereien oder geschnitztes Spielzeug von den Großeltern vererbt zu bekommen.

Wenn die Kinder aus dem Haus sind, geht es an die Arbeit. Es gibt keine richtige Vorfreude auf den Weihnachtsbaum, wenn nicht an den Adventssonntagen lange, bunte Glanzpapierketten geklebt, Nüsse vergoldet, Strohsterne gesteckt, aufhängbare Plätzchen und Marzipankringel gebacken oder kleine Hampelmänner gebastelt werden. Je einfacher diese Dinge sind, umso besser. Sie können und sollen vergänglich sein, damit wir im nächsten Jahr wieder etwas zu tun bekommen. Und wir wollen ja auch keine Erziehungsstunde in Geduld und Feinarbeit abhalten, sondern es soll etwas entstehen, die Schachteln und Kastln sollen sich füllen.

Beim Schmücken des Baumes aber wird das Familienplenum wieder ausgeschlossen. Das ist meist Sache des Vaters oder einer anderen privilegierten Person. So wird die endgültige Wirkung der Gemeinschaftsarbeit erst am Heiligen Abend als Überraschung offenbar.

Der Weihnachtsbaum

Juchheissassa, juchheissassa!
Wir bringen ihn gebracht,
Den Christbaum, den Tannenbaum,
Der alles lustig macht! –

Du armer, armer Tannenbaum,
Wie war dir draußen weh! –
Du strecktest deine Arme aus
Und trugst doch nichts als Schnee! –

So sag uns doch, du schmucker Baum,
Was wirst du morgen tragen?
Hoho! so darf man Narren wohl,
Doch keinen Christbaum fragen. –

Juchheissassa, juchheissassa!
Wie ist der Schnee so weiß,
Wie grün ist doch der Tannenbaum!
Der weiß schon, was er weiß!

ROBERT REINICK

Christgeschenk

Mein süßes Liebchen! Hier in Schachtelwänden
 Gar mannigfalt geformte Süßigkeiten.
Die Früchte sind es heilger Weihnachtszeiten,
 Gebackne nur, den Kindern auszuspenden!

Dir möchte ich dann mit süßem Redewenden
 Poetisch Zuckerbrot zum Fest bereiten;
 Allein was solls mit solchen Eitelkeiten?
Weg den Versuch, mit Schmeichelei zu blenden!

Doch gibt es noch ein Süßes, das vom Innern
Zum Innern spricht, genießbar in der Ferne,
 Das kann nur bis zu dir hinüber wehen.

Und fühlst du dann ein freundliches Erinnern,
 Als blinkten froh dir wohlbekannte Sterne,
Wirst du die kleinste Gabe nicht verschmähen.

JOHANN WOLFGANG VON GOETHE

Ein Tännlein aus dem Walde

Ein Tännlein aus dem Walde,
 Und sei es noch so klein,
Mit seinen grünen Zweigen
 Soll unsre Freude sein.

Es stand in Schnee und Eise
 In klarer Winterluft;
Nun bringt's in unsre Stuben
 Den frischen Weihnachtsduft.

Wir wollen schön es schmücken
 Mit Stern und Flittergold,
Mit Äpfeln und mit Nüssen
 Und Lichtlein wunderhold.

Und sinkt die Weihnacht nieder,
 Dann gibt es leichten Schein,
Das leuchtet Alt und Jungen
 Ins Herz hinein.

ALBERT SERGEL

Vom Schenken

Vom Christkind

Denkt euch – ich habe das Christkind gesehn!
Es kam aus dem Walde, das Mützchen voll Schnee,
mit gefrorenem Näschen.
Die kleinen Hände taten ihm weh;
denn es trug einen Sack, der war gar schwer,
schleppte und polterte hinter ihm her –
was drin war, möchtet ihr wissen?
Ihr Naseweise, ihr Schelmenpack –
meint ihr, er wäre offen, der Sack?
Zugebunden bis oben hin!
Doch war gewiss was Schönes drin:
Es roch so nach Äpfeln und Nüssen!

ANNA RITTER

Wenn die Kinder artig sind

Wenn die Kinder sind
kommt zu ihnen das Christkind.
Wenn sie ihre Suppe essen
und das Brot auch nicht vergessen,
wenn sie, ohne Lärm zu machen,
still sind bei den Siebensachen,
beim Spaziergehn auf den Gassen
von Mama sich führen lassen,
bringt es ihnen Guts genug
und ein schönes Bilderbuch.

HEINRICH HOFFMANN

Schenken

Schenke groß oder klein,
Aber immer gediegen.
Wenn die Bedachten
Die Gaben wiegen,
Sei dein Gewissen rein.

Schenke herzlich und frei.
Schenke dabei
Was in dir wohnt
An Meinung, Geschmack und Humor,
So dass die eigene Freude zuvor
Dich reichlich belohnt.

Schenke mit Geist ohne List.
Sei eingedenk,
Dass dein Geschenk
Du selber bist.

JOACHIM RINGELNATZ

Erinnerungen an die Christtagsfreude

Kinderweihnacht

Weihnachten! Welch ein Zauber liegt in diesem Wort! Mir ist es immer, als öffnete sich damit der Blick in den Sternenhimmel, und die Freude funkelte herab, auch in die Dunkelheit trüber Zeiten. Man stellte seine Sorgenlast für eine Weile beiseite und befreite seine Seele, damit sie hell dastehe, frei vom Alltagsstaub, und das Licht aufnimmt und widerstrahlt, Liebe empfängt und Liebe gibt. In wie vielen Herzen, die von der Not des Lebens dunkel geworden sind, strahlt das Licht der Weihnachtsfreude, lehrt sie aufschauen und wieder an das Licht glauben, wie viel Ohren, die sich verschlossen hatten, tun sich auf bei dem Klang der Weihnachtsglocken und horchen auf die frohe Botschaft, die uns allen verkündet wird. Kommt auch bald wieder der Alltag zu seinem Recht, kommen auch die dunklen Seiten wieder, erlischt die Freude in manchem Leben ganz, man hat doch immer wieder ins Licht schauen dürfen, man hat den Klang der Weihnachtsglocken gehört, man war doch wieder einmal froh gewesen und hatte Liebe gegeben und empfangen. – Gesegnet sei darum unser liebes Weihnachtsfest! –

Wir lebten in einer kleinen Stadt Estlands, unser Haus lag dicht an der Kirche, und das Glockengeläute an den Festtagen durchtönte es bis in den letzten Winkel; dadurch hatten die Festtage bei uns ganz besonderes Gepräge. Auch verstand meine Mutter so wunderbar, Feste zu feiern. Es war so viel Freude in ihr, und die Freude ging wie ein großer Strom voll Leben von ihr aus. Niemals aber empfanden wir das so stark wie in der Weihnachtszeit.

Wie herrlich waren schon die Vorbereitungen! Die ganze Adventszeit war so voller Erwartung; der bunte Adventsstern, der vom ersten Advent an in unserem Zimmer hing, die Advents- und Weihnachtslieder, die wir mit unserer Mutter sangen, und die Geheimnisse, die um uns entstanden! Es war gar kein Alltag mehr, denn jeder Tag war durchrauscht von froher Feststimmung und Erwartung.

Wie köstlich war es, wenn Mutter dazwischen in ihrem Zimmer verschwand, und wir nicht hineinkommen durften! Wenn sie auf Besorgungen ging, bei denen wir sie nicht begleiten durften, und von wo sie mit großen, geheimnisvollen Paketen wieder heimkam! Wie köstlich war es, auf dem Fußboden von Mutters Zimmer dazwischen ein Stückchen Schaumgold zu finden! Wir dachten ganz sicher, die Engel hätten es von ihren Flügeln verloren.

Und dann war plötzlich der Weihnachtsabend da! Geheimnisvoll rauschend wurde der Tannenbaum durch das Haus getragen, mit Herzklopfen lauschten wir, in unserem Kinderzimmer eingeschlossen, wie die Zweige unsere Tür streiften. Von diesem Augenblick an war das Wohnzimmer für uns den ganzen Tag verschlossen. Unsere Puppen saßen schon längst festlich gekleidet auf dem Fensterbrett und durften all die Herrlichkeiten früher als wir sehen. Wir lagen auf dem Fußboden und versuchten, durch die Ritze der Tür irgendeinen Schimmer der Herrlichkeit zu erspähen.

Ach, und wenn es dann Abend wurde, und die verschlossene Tür sich weit auftat, Geheimnisse sich enthüllten und alles voll Glanz und Freude war! Weihnachtsfreude, Kinderseligkeit, so oft geschildert, so oft besungen, wer fände aber doch die rechten Worte, alles das ganz auszusprechen!

Es gab aber einmal ein Weihnachten, wo ich bitterlich weinte. Von diesem Weihnachtsfest will ich erzählen.

Es war Adventszeit. Ich hatte eine heißgeliebte Puppe, sie hieß Adelchen, sie war groß, hatte einen Porzellankopf, himmelblaue Augen und schwarze, angemalte Locken. Ich liebte sie über alles, und doch plagte mich einmal die Neugierde, zu erfahren, was »in ihr drin« sei. Ich teilte diese Sehnsucht meiner kleinen Schwester Elisabeth mit, und eines Tages fassten wir den ruchlosen Plan, der Sache auf den Grund zu kommen. Wir entkleideten Adelchen, bohrten und fühlten an ihrem Körper lange herum, konnten aber nicht ergründen, woraus sie »gemacht« war. Da ergriff ich eine Schere und schlitzte ihr den Leib auf. Ein Strom von Sägespänen ergoss sich aus der Wunde. Voller Staunen sahen wir dem Strom zu, vergrößerten grausam mit den Fingern den Riss und sahen kaltblütig ihr Leben entströmen. Plötzlich wurde und bange, sie wurde welk und dünn; wenn wir sie aufsetzen wollten, knickte sie zusammen, und ihr schwerer Porzellankopf sank ihr vornüber.

Ein großer Schmerz kam über ich, und mein kleines Schwesterchen fing an zu weinen. In unserer Angst brachten wir unser Opfer zu unserer alten Wärterin. »Mein Gott, welche Kinder«, war ihr beängstigender Ausruf bei unseren Unarten. Sie führte uns Schuldbeladene mit dem Opfer, das welk über ihren Arm hing, zu unserer Mutter, die die Puppe fortnahm, und ich weinte mich abends in den Schlaf vor Sehnsucht nach der Heißgeliebten, so grausam Ermordeten.

Nach einigen Tagen dachte ich, meine Mutter würde sie uns geheilt wiedergeben. Als sie aber gar keine Anstalten dazu machte, trieb mich die heiße Sehnsucht zu der Bitte, Mutter möchte mir doch Adelchen wiedergeben. »Nein«, war die Antwort, »das habt ihr nicht verdient, das Christkindchen hat die Puppe geholt, wird sie zu Weihnachten reparieren und sie wohl den armen Kindern bringen.«

Traurig hörte ich den Bescheid und dachte, ich hätte diese Strafe wohl verdient; nur dass Adelchen für arme Kinder da sein sollte, konnte ich nicht verwinden. Überhaupt, die »armen Kinder« waren vor Weihnachten ein Stein des Anstoßes für mich, über den ich oft stolperte. Immer musste man ihnen was weggeben von seinen Sachen! Meine Kleider schenkte ich gern fort, auch meine sonstigen Spielsachen; nur wenn es eine Puppe wegzugeben galt, zerriss es mir das Herz. Dazu sagte Mutter noch, wenn man den Armen nicht froh und gern gäbe, so trüge das Geben keinen Segen. –

Und nun war Weihnachten da! Trotz Adelchens Verlust waren die Tage vorher wie sonst, voll herrlichster Erwartung, voll kühnster Träume, glühendster Wünsche, auf deren Erfüllung man mit Zittern wartete.

Ich hatte für meine Eltern ein Gedicht auswendig gelernt, dessen ersten Vers ich mit mühsam steifen Buchstaben auf ein »Wunschpapier« geschrieben hatte. Dieses Wunschpapier zu Weihnachten einzukaufen, war ein herrliches Erlebnis. Es war ein feierlicher Augenblick, wo wir unter den Flügeln unserer alten Wärterin in den Laden gingen, jedes sein Fünfzehn-Kopekenstück in der Hand. Wir wählten in der größten Aufregung und konnten uns immer nicht zum Einkauf entschließen, bis unsere Wärterin für uns endlich die Entscheidung traf.

Mit unseren Wunschpapieren in den Händen, mit klopfendem Herzen standen wir dann hinter der Tür des Weihnachtszimmers. Nun öffnete sie sich weit; Mutter spielte den Choral, Vater stand neben ihr am Flügel mit dem Neuen Testament in der Hand, aus dem wunderbare Buchzeichen an bunten Bändern heraushingen. Wir sangen Weihnachtslieder, hörten das Weihnachtsevangelium und wagten gar nicht, nach dem Baum oder unseren Geschenken hinzuschauen. Das war uns nämlich von unserer alten Wärterin fest eingeprägt: »Ehe ihr euer Gedicht nicht aufgesagt habt, dürft ihr nichts sehen.«

Und nun sollte ich mein Gedicht aufsagen. Ich überreichte Vater mein Wunschpapier und fing an »Ihr Kinderlein, kommet«, doch als ich so weit kam, da hatte ich meinen Blick erhoben und nach dem Gabentisch hingeschaut. Was sah ich? In der Mitte des Tisches saß mein Adelchen in einem neuen Kleide, mit wohlgefülltem Körper und steif abstehenden Armen. Über diesen Anblick vergaß ich alles, ich stand mit weit geöffneten Augen da, und mein Herz stand vor Seligkeit einen Augenblick still.

Ich verstummte und konnte mein Gedicht nicht weiter sagen. Mein Vater war ernst und ein wenig streng. Pflichttreue und Selbstüberwindung mussten wir schon als kleine Kinder zu üben versuchen. Er blickte missbilligend nach mir hin, meine Mutter half mir, aber mein Gedächtnis ließ mich vollständig im Stich, und ich brach in Tränen aus.

Trotzdem wurde der Abend noch schön. Tränenüberströmt schloss ich mein Adelchen in meine Arme und beruhigte mich, als meine Eltern sagten, sie wären mir nicht mehr böse.

Als ich abends im Bett lag mit Adelchen im Arm und mein Abendgebet sprach, dankte ich zuerst dem lieben Gott für mein wiedergeschenktes Kind. Dann kam eine heiße Bitte um Vergebung, dass ich meine Eltern so schwer betrübt hätte, und dann ging alles unter in dem einen Glückgefühl, dass die armen Kinder mein Adelchen nicht bekommen hatten! Und den kalten Porzellankopf meiner Puppe fest an meine heißen Kinderwangen gedrückt, schlief ich selig und dankbar ein.

MONIKA HUNNIUS

Das geteilte Geheimnis

Das schwebende Zugleich zweier Möglichkeiten machte die Stunden der Kinderzeit oft so traumhaft unbestimmt. So erging es mir mit dem Weihnachtsabend, den ich als Fünfjähriger erlebte und nicht begriff; es lag in meiner Art, das schwer zu Lösende auf sich beruhen zu lassen, und so nahm ich Christbaum und Gabentisch dennoch als das Wunder hin, an das ich seit dem frühen Nachmittag nicht mehr glaubte.

Der Vater hatte uns mit der Rodel fortgeschickt und schon dies, dass wir nicht wie sonst darum zu bitten brauchten, machte mich stutzig. Während ich den kleinen Schlitten über den Hof zog und der Bruder neben mir herstapfte, ließ mir die Frage, warum uns der Vater das Rodeln herwärts angetragen, keine Ruhe und ich schaute nochmals zu den Fenstern unserer Wohnung hinauf.

Da wurde mir Antwort: Ich sah den Vater auf einem Stuhl stehen, er war gerade dabei, an den Zweigen eines Tannenbaumes kleine Kerzen festzumachen. Der Traum vom himmlischen Kind und seinen geflügelten Gehilfen, den ich tagelang geträumt hatte – das Brieflein zwischen den Fenstern sollte sie in die Stube bitten –, zerbrach wie eine zu zarte gläserne Kugel, ich hielt die Scherben in den Händen und sah, dass sie leer waren.

Ich liebte den Vater in diesem Augenblick nicht weniger, ich teilte plötzlich ein Geheimnis mit ihm, in das ich auch den Bruder nicht einweihte. Freilich ein sehr nüchternes; als aber am Abend der Baum in

seiner ewig unwahrscheinlichen Pracht strahlte, überwog der Glanz der
Kerzen und das Flirren der Goldfäden mein armseliges Wissen so sehr,
dass ich noch einmal ans Christkind glaubte, das der Vater vor meinen
Augen verdrängt hatte.

Wie aber verstand er es, Feste zu feiern! Er freute sich selbst wie ein
Kind über den neuen Malkasten, die Eisenbahn, die Kindertrompete.
Er setzte sich zu uns, füllte die Schälchen mit Wasser und zeigte uns,
wie man Farben aufträgt; man trat gemeinsam in einen Zauberraum
ein, der von Gold und Kostbarkeit flimmerte, man versank gemeinsam in das Glück stiller Geschäftigkeit, das die Stunden des Kindes
bis zum Rande füllt. Über allem hing der Duft des Baumes
und war auch im wirklicheren Leben des nächsten
Morgens noch da, während man noch einmal die
schönen Dinge der Reihe nach vornahm und es
nun erst ganz genoss, dass sie einem auch tatsächlich gehörten.

JOSEF LEITGEB

Weihnachten im Erzgebirge

Wenn die ersten Schneeflocken auf den Höhen des Erzgebirges fallen, dann ist es nicht mehr weit bis Weihnachten. Dann kommen viele Menschen in die sonst so ruhigen Dörfer, um etwas von diesem Zauber des weihnachtlichen Erzgebirges mitzuerleben.

Wo liegt das Erzgebirge? Es ist Teil des Freistaates Sachsen, im östlichen Teil Deutschlands. Es gehört zu den deutschen Mittelgebirgen und liegt eingebettet zwischen dem Vogtland im Westen und dem Elbsandsteingebirge im Osten. Ein Teil des Erzgebirges liegt auf der Seite der Tschechischen Republik.

Ursprünglich war das Erzgebirge dünn besiedelt. Viele Menschen dort lebten vom Bergbau, besonders dem Erzbergbau, von dem die Gegend ihren Namen hat. Orte wie Freiberg stehen für diese Tradition. Die höchste Erhebung ist mit 1214 Meter der Fichtelberg. An seinem Fuße liegt der Wintersportort Oberwiesenthal. Von hier kamen zu Zeiten der ehemaligen DDR viele bekannte Olympiasieger. In dieser Gegend fährt auch noch die Dampfeisenbahn, die es im Westen Deutschlands nur noch selten gibt. Im Erzgebirge liegen viele kleine Dörfer, zu denen oft nur schmale Straßen durch Täler und über Höhen führen.

Besonders schön ist das Erzgebirge aber im Winter. Zwar ist es draussen sehr kalt, und die eisige Kälte und die oft brausenden Stürme machen einen Aufenthalt im Freien nicht immer so angenehm. Um so schöner ist es aber dann in den Stuben. Wenn man im Dezember durch die Straßen der Dörfer geht, so sieht man sehr viel Beleuchtung in den Fenstern. Wunderschön strahlt das Licht aus den Häusern heraus. Lampen, Figuren, Puppen und Räuchermännchen sowie geschnitzte

Bergmänner werden in die Fenster gestellt und zieren auch die Wohnstuben. Aber auch auf den Straßen und Plätzen der Städte und Dörfer findet man oft beleuchtete Figuren und sogenannte Pyramiden. Hier sieht man zur Weihnachtszeit auch einmal Bergmannskapellen mit Blasmusik durch die Straßen ziehen, und bunte Weihnachtsmärkte ziehen immer wieder Besucher an. Da kann man dann allerlei erzgebirgische Handarbeit kaufen, und der Geruch von gebrannten Mandeln und Räucherkerzen erinnert an das nahe Weihnachtsfest.

Die Herstellung von Holzwaren hat im Erzgebirge eine lange Tradition. Schon seit mehreren Jahrhunderten schnitzen die Menschen im Erzgebirge. Am Anfang war es eher eine Feierabendbeschäftigung der Bergleute, aber mit dem Rückgang des Bergbaus wurde dies bald die wichtigste Erwerbsquelle. Das Holz wird geschnitzt oder gedrechselt. Besonders bekannt durch seine schönen Holz- und Spielwaren ist das Dorf Seiffen. Hier findet man in fast jedem Haus jemanden, der sich mit der Herstellung von Holzwaren beschäftigt. Pyramiden und Weihnachtsschmuck, Räuchermänner, Nussknacker und kleine Miniaturen werden hier von Hand gefertigt und dann in alle Welt verkauft.

Eine besondere Geschichte wird auf vielen der schönen Pyramiden erzählt. Da verkündigen Engel die frohe Botschaft, dass Jesus Christus geboren wurde. Da finden wir Maria und Josef mit dem Kind und die Hirten mit ihren Schafen. Auch die drei weisen Männer aus dem Morgenland, die Jesus ihre Geschenke gebracht haben, sind hier anzutreffen. Sie alle erinnern uns daran, warum wir überhaupt Weihnachten feiern. Wenn wir die Kerzen anzünden und sich die Pyramide in der Wärme dreht, denken wir an Jesus Christus als das Licht der Welt, welches in der Dunkelheit strahlt.

Von diesem Licht singen auch die Menschen im Erzgebirge gerne. Eine besondere Tradition hat in Seiffen die Kurrende – der Kinderchor. In jedem

Gottesdienst am Sonntag singt die Kurrende. Und an den Adventsonntagen, den vier Sonntagen vor Weihnachten, kommt noch eine zusätzliche Aufgabe hinzu: In möglichst vielen Häusern werden von der Kurrende Weihnachtslieder gesungen. Jeweils fünf Mädchen und Jungen ziehen von Haus zu Haus. In der Hand haben sie einen leuchtenden Stern. An vielen Haustüren warten schon die Menschen auf ihr Kommen. Das Singen kann schon ganz schön anstrengend sein, aber es macht viel Spaß.

Am Heiligabend läuten ab 16 Uhr im Erzgebirge überall die Kirchenglocken und rufen zu den Gottesdiensten und Krippenspielen. Am ersten Weihnachtsfeiertag heißt es dann früh aufstehen, denn schon um fünf Uhr finden in vielen Gebirgsorten die Weihnachtsgottesdienste statt und viele Menschen feiern die Geburt von Jesus Christus. Jetzt ist es wirklich Weihnachten im Erzgebirge!

Als ich die Christtagsfreude holen ging

In meinem zwölften Lebensjahre wird es gewesen sein, als am Frühmorgen des heiligen Christabends mein Vater mich an der Schulter rüttelte: ich solle aufwachen und zur Besinnung kommen, er habe mir etwas zu sagen. Die Augen waren bald offen, aber die Besinnung! Als ich unter der Mithilfe der Mutter angezogen war und bei der Frühsuppe saß, verlor sich die Schlaftrunkenheit allmählich, und nun sprach mein Vater: »Peter, jetzt hör, was ich dir sage. Da nimm einen leeren Sack, denn du wirst was heimtragen. Da nimm meinen Stecken, denn es ist viel Schnee, und da nimm eine Laterne, denn der Pfad ist schlecht, und die Stege sind vereist. Du musst hinabgehen nach Langenwang. Den Holzhändler Spreitzegger zu Langenwang, den kennst du, der ist mir noch immer das Geld schuldig, zwei Gulden und sechsunddreißig Kreuzer für den Lärchenbaum. Ich lass ihn bitten drum; schön höflich anklopfen und den Hut abnehmen, wenn du in sein Zimmer trittst. Mit dem Geld gehst nachher zum Kaufmann Doppelreiter und kaufst zwei Maßel Semmelmehl und zwei Pfund Rindsschmalz und um zwei Groschen Salz, und das tragst heim.«

Jetzt war aber auch meine Mutter zugegen, ebenfalls schon angekleidet, während meine sechs jüngeren Geschwister noch ringsum an der

Wand in ihren Bettchen schliefen. Die Mutter, die redete drein wie folgt: »Mit Mehl und Schmalz und Salz allein kann ich kein Christtagsessen richten. Ich brauch dazu noch Germ (Hefe) um einen Groschen, Weinbeerln um fünf Kreuzer, Zucker um fünf Groschen, Safran um zwei Groschen und Neugewürz um zwei Kreuzer. Etliche Semmeln werden auch müssen sein.«

»So kaufst es«, setzte der Vater ruhig bei. »Und wenn dir das Geld zuwenig wird, so bittest den Herrn Doppelreiter, er möcht die Sachen derweil borgen, und zu Ostern, wenn die Kohlenraitung (Verrechnung für Holzkohle) ist, wollt ich schon fleißig zahlen. Eine Semmel kannst unterwegs selber essen, weil du vor Abend nicht heimkommst. Und jetzt kannst gehen, es wird schon fünf Uhr, und dass du noch die Achter-Meß erlangst zu Langenwang.«

Das war alles gut und recht. Den Sack band mir mein Vater um die Mitte, den Stecken nahm ich in die rechte Hand, die Laterne mit der frischen Unschlittkerze in die linke, und so ging ich davon, wie ich zu jener Zeit in Wintertagen oft davongegangen war. Der durch wenige Fußgeher ausgetretene Pfad war holperig im tiefen Schnee, und es ist nicht immer leicht, nach den Fußstapfen unserer Vorderen zu wandeln, wenn diese zu lange Beine gehabt haben. Noch nicht dreihundert Schritt war ich gegangen, so lag ich im Schnee, und die Laterne, hingeschleudert, war ausgelöscht. Ich suchte mich langsam zusammen, und dann schaute ich die wunderschöne Nacht an. Anfangs war sie ganz grausam finster, allmählich hub der Schnee an, weiß zu werden und die Bäume schwarz, und in der Höhe war helles Sternengefunkel. In den Schnee fallen kann man auch ohne Laterne, so stellte ich sie seithin unter einen Strauch, und ohne Licht ging's nun besser als vorhin.

In die Talschlucht kam ich hinab, das Wasser des Fresenbaches war eingedeckt mit glattem Eis, auf welchem, als ich über den

Steg ging, die Sterne des Himmels gleichsam Schlittschuh liefen. Später war ein Berg zu übersteigen; auf dem Pass, genannt der »Höllkogel«, stieß ich zur wegsamen Bezirksstraße, die durch Wald und Wald hinabführt in das Mürztal. In diesem lag ein weites Meer von Nebel, in welches ich sachte hineinkam, und die feuchte Luft fing an, einen Geruch zu haben, sie roch nach Steinkohlen; und die Luft fing an, fernen Lärm an mein Ohr zu tragen, denn im Tal hämmerten die Eisenwerke, rollte manchmal ein Eisenbahnzug über dröhnende Brücken.

Nach langer Wanderung ins Tal gekommen zur Landstraße, klingelte Schlittengeschelle, der Nebel ward grau und lichter, so dass ich die Fuhrwerke und Wandersleute, die für die Feiertage nach ihren Heimstätten reisten, schon auf kleine Strecken weit sehen konnte. Nachdem ich eine Stunde lang im Tal fortgegangen war, tauchte links an der Straße im Nebel ein dunkler Fleck auf, rechts auch einer, links mehrere, rechts eine ganze Reihe – das Dorf Langenwang.

Alles, was Zeit hatte, ging der Kirche zu, denn der Heilige Abend ist voller Vorahnung und Gottesweihe. Bevor noch die Messe anfing, schritt der hagere, gebückte Schulmeister durch die Kirche, musterte die Andächtigen, als ob er jemanden suche. Endlich trat er an mich heran und fragte leise, ob ich ihm nicht die Orgel »melken« wolle, es sei der Mesnerbub krank. Voll Stolz und Freude, also zum Dienste des Herrn gewürdigt zu sein, ging ich mit ihm auf den Chor, um bei der heiligen Messe den Blasebalg der Orgel zu ziehen. Während ich die zwei langen Lederriemen abwechselnd aus dem Kasten zog, in welchen jeder derselben allemal wieder langsam hineinkroch, orgelte der Schulmeister, und seine Tochter sang:

> Tauet, Himmel, den Gerechten,
> Wolken, regnet ihn herab!
> Also rief in bangen Nächten
> einst die Welt, ein weites Grab.
> In von Gott verhassten Gründen
> herrschten Satan, Tod und Sünden,
> fest verschlossen war das Tor
> zu dem Himmelreich empor.

Ferner erinnere ich mich, an jenem Morgen nach dem Gottesdienst in der dämmerigen Kirche vor ein Heiligenbild hingekniet zu sein und gebetet zu haben um Glück und Segen zur Erfüllung meiner bevorstehenden Aufgabe. Das Bild stellte die Vierzehn Nothelfer dar – einer wird doch dabeisein, der zur Eintreibung von Schulden behilflich ist. Es schien mir aber, als schiebe während meines Gebetes auf dem Bilde einer sich sachte hinter den andern zurück.

Trotzdem ging ich guten Mutes hinaus in den nebeligen Tag, wo alles emsig war in der Vorbereitung zum Fest, und ging dem Hause des Holzhändlers Spreitzegger zu. Als ich daran war, zur vorderen Tür hineinzugehen, wollte der alte Spreitzegger, soviel ich mir später reimte, durch die hintere Tür entwischen. Es wäre ihm gelungen, wenn mir nicht im Augenblick geschwant hätte: Peter, geh nicht zur vorderen Tür ins Haus wie ein Herr, sei demütig, geh zur hinteren Tür hinein, wie es dem Waldbauernbub geziemt. Und knapp an der hinteren Tür trafen wir uns.

»Ah, Bübel, du willst dich wärmen gehen«, sagte er mit geschmeidiger Stimme und deutete ins Haus, »na, geh dich nur wärmen. Ist kalt heut!« Und wollte davon.

»Mir ist nicht kalt«, antwortete ich, »aber mein Vater lässt den Spreitzegger schön grüßen und bitten ums Geld.«

»Ums Geld? Wieso?« fragte er. »Ja richtig, du bist der Waldbauernbub. Bist früh aufgestanden heut, wenn du schon den weiten Weg kommst. Rast nur ab. Und ich lass deinen Vater auch schön grüßen und glückliche Feiertage wünschen; ich komm ohnehin ehzeit einmal zu euch hinauf, nachher wollen wir schon gleich werden.«

Fast verschlug es mir die Rede, stand doch unser ganzes Weihnachtsmahl in Gefahr vor solchem Bescheid.

»Bitt wohl von Herzen schön ums Geld, muss Mehl kaufen und Schmalz und Salz, und ich darf nicht heimkommen mit leerem Sack.«

Er schaute mich starr an. »Du kannst es!« brummte er, zerrte mit zäher Gebärde seine große, rote Brieftasche hervor, zupfte in den Papieren, die wahrscheinlich nicht pure Banknoten waren, zog einen Gulden heraus und sagte: »Na, so nimm derweil das, in vierzehn Tagen wird dein Vater den Rest schon kriegen. Heut hab ich nicht mehr.«

Den Gulden schob er mir in die Hand, ging davon und ließ mich stehen.

Ich blieb aber nicht stehen, sondern ging zum Kaufmann Doppelreiter. Dort begehrte ich ruhig und gemessen, als ob nichts wäre, zwei Maßel Semmelmehl, zwei Pfund Rindsschmalz, um zwei Groschen Salz, um einen Groschen Germ, um fünf Kreuzer Weinbeerln, um fünf Groschen Zucker, um zwei Groschen Safran und um zwei Kreuzer Neugewürz. Der Herr Doppelreiter bediente mich selbst und machte mir alles hübsch zurecht in Päckchen und Tütchen, die er dann mit Spagat zusammen in ein einziges Paket band und so an den Mehlsack hängte, dass ich das Ding über der Achsel tragen konnte, vorn ein Bündel und hinten ein Bündel. Als das geschehen war, fragte ich mit einer nicht minder tückischen Ruhe als vorhin, was das alles zusammen ausmache. »Das macht drei Gulden fünfzehn Kreuzer«, antwortete er mit Kreide und Mund.

»Ja, ist schon recht«, hierauf ich, »da ist derweil ein Gulden, und das andere wird mein Vater, der Waldbauer in Alpl, zu Ostern zahlen.«

Schaute mich der bedauernswerte Mann und fragte höchst ungleich: »Zu Ostern? In welchem Jahr?«

»Na, nächste Ostern, wenn die Kohlenraitung ist.«

Nun mischte sich die Frau Doppelreiterin, die andere Kunden bediente, drein und sagte: »Lass ihm's nur, Mann, der Waldbauer hat schon öfters auf Borg genommen und nachher allemal ordentlich bezahlt. Lass ihm's nur.«

»Ich lass ihm's ja, werd ihm's nicht wieder wegnehmen«, antwortete der Doppelreiter. Das war doch ein bequemer Kaufmann! Jetzt fielen mir auch die Semmeln ein, welche meine Mutter noch bestellt hatte. »Kann man da nicht auch fünf Semmeln haben?« fragte ich. »Semmeln kriegt man beim Bäcker«, sagte der Kaufmann.

Das wusste ich nun gleichwohl, nur hatte ich mein Lebtag nichts davon gehört, dass man ein paar Semmeln auf Borg nimmt, daher vertraute ich der Kaufmännin, die sofort als Gönnerin zu betrachten war, meine vollständige Zahlungsunfähigkeit an. Sie gab mir zwei bare Groschen für Semmeln, und als sie nun noch beobachtete, wie meine Augen mit den reiffeuchten Wimpern fast unlösbar an den gedörrten Zwetschken hingen, die sie einer alten Frau in den Korb tat, reichte sie mir auch noch eine Handvoll dieser köstlichen Sache zu: »Unterwegs zum Naschen.«

Nicht lange hernach, und ich trabte, mit meinen Gütern reich und schwer bepackt, durch die breite Dorfgasse dahin. Überall in den Häusern wurde gemetzgert, gebacken, gebraten, gekeltert; ich beneidete die Leute nicht; ich bedauerte sie vielmehr, dass sie nicht ich waren, der, mit so großem Segen beladen, gen Alpl zog. Das wird morgen ein Christtag werden! Denn die Mutter kann's, wenn sie die Sachen hat. Ein Schwein ist ja auch geschlachtet worden daheim, das gibt Fleischbrühe mit Semmelbrocken, Speckfleck, Würste, Nieren-Lümperln, Knödelfleisch mit Kren, dann erst die Krapfen, die Zuckernudeln, das Schmalzkoch mit Weinbeerln und Safran! – Die Herrenleut da in Langenwang haben so was alle Tag, das ist nichts, aber wir haben es im Jahr einmal und kommen mit unverdorbenem Magen dazu, *das* ist was! – Und doch dachte ich auf diesem belasteten Freudenmarsch weniger noch ans Essen als an das liebe Christkind und sein hochheiliges Fest.

Am Abend, wenn ich nach Hause komme, werde ich aus der Bibel davon vorlesen, die Mutter und die Magd Mirzel werden Weihnachtslieder singen; dann, wenn es zehn Uhr wird, werden wir uns aufmachen nach Sankt Kathrein und in der Kirche die feierliche Christmette begehen bei Glock', Musik und unzähligen Lichtern. Und am Seitenaltar ist das Krippel aufgerichtet mit Ochs und Esel und den Hirten, und auf dem Berg die Stadt Bethlehem und darüber die Engel, singend: Ehre sei Gott in der Höhe! – Diese Gedanken trugen mich anfangs wie Flügel. Doch als ich eine Weile die schlittenglatte Landstraße dahingegangen war, unter den Füßen knirschenden Schnee, musste ich mein Doppelbündel schon einmal wechseln von einer Achsel auf die andere.

In der Nähe des Wirtshauses »Zum Sprengzaun« kam mir etwas Vierspänniges entgegen. Ein leichtes Schlittlein, mit vier feurigen, hochaufgefederten Rappen bespannt, auf dem Bock ein Kutscher mit glänzenden Knöpfen und einem Buttenhut. Der Kaiser? Nein, der Herr Wachtler vom Schlosse Hohenwang saß im Schlitten, über und über in Pelze gehüllt und eine Zigarre schmauchend. Ich blieb stehen, schaute dem blitzschnell vorüberrutschenden Zeug eine Weile nach und dachte: Etwas krumm ist es doch eingerichtet auf dieser Welt: da sitzt ein starker Mann drin und lässt sich hinziehen mit so viel überschüssiger Kraft, und ich vermag mein Bündel kaum zu schleppen.

Mittlerweile war es Mittagszeit geworden. Durch den Nebel war die milchweiße Scheibe der Sonne zu sehen; sie war nicht hoch am Himmel hinaufgestiegen, denn um vier Uhr wollte sie ja wieder unten sein, zur langen Christnacht. Ich fühlte in den Beinen manchmal so ein heißes Prickeln, das bis in die Brust hinaufstieg, es zitterten mir die Glieder. Nicht weit von der Stelle, wo der Weg nach Alpl abzweigt, stand ein Kreuz mit dem lebensgroßen Bilde des Heilands. Es stand, wie es heute noch steht, an seinem Fuß Johannes und Magdalena, das

Ganze mit einem Bretterverschlag verwahrt, so dass es wie eine Kapelle war. Vor dem Kreuz auf die Bank, die für kniende Beter bestimmt ist, setzte ich mich nieder, um Mittag zu halten. Eine Semmel, die gehörte mir, meine Neigung zu ihr war so groß, dass ich sie am liebsten in wenigen Bissen verschluckt hätte. Allein das schnelle Schlucken ist nicht gesund, das wusste ich von anderen Leuten, und das langsame Essen macht einen längeren Genuss, das wusste ich schon von mir selber. Also beschloss ich, die Semmel recht gemächlich und bedächtig zu genießen und dazwischen manchmal eine gedörrte Zwetschke zu naschen.

Es war eine sehr köstliche Mahlzeit; wenn ich heute etwas recht Gutes haben will, das kostet außerordentliche Anstrengungen aller Art; ach, wenn man nie und nie einen Mangel zu leiden hat, wie wird man da arm. Und wie war ich so reich damals, als ich arm war!

Als ich nach der Mahlzeit mein Doppelbündel wieder auflud, war's ein Spaß mit ihm, flink ging es voran. Als ich später in die Bergwälder hinaufkam und der graue Nebel dicht in den schneebeschwerten Bäumen hing, dachte ich an den Grabler-Hansel. Das war ein Kohlenführer, der täglich von Alpl seine Fuhre ins Mürztal lieferte. Wenn er auch heute gefahren wäre! Und wenn er jetzt heimwärts mit dem leeren Schlitten des Weges käme und mir das Bündel auflüde! Und am Ende gar mich selber! Dass es so heiß sein kann im Winter! Mitten in Schnee und Eisschollen schwitzen! Doch morgen wird alle Mühsal vergessen sein. – Derlei Gedanken und Vorstellungen verkürzten mir unterwegs die Zeit.

Auf einmal roch ich starken Tabakrauch. Knapp hinter mir ging, ganz leise auftretend, der grüne Kilian. Der Kilian war früher einige Zeit lang Forstgehilfe in den gewerkschaftlichen Wäldern gewesen, jetzt war er's nicht mehr, wohnte mit seiner Familie in einer Hütte drüben in der Fischbacher Gegend, man wusste nicht recht, was er trieb. Nun ging er nach Hause. Er hatte einen Korb auf dem Rücken, an dem er nicht schwer zu tragen schien, sein Gewand war noch ein jägermäßiges, aber hübsch abgetragen, und sein schwarzer Vollbart ließ nicht viel sehen von seinem etwas fahlen Gesicht. Als ich ihn bemerkt hatte, nahm er die Pfeife aus dem Mund, lachte laut und sagte: »Wo schiebst denn hin, Bub?«

»Heimzu«, meine Antwort.

»Was schleppst denn?«

»Sachen für den Christtag.«

»Gute Sachen? Der Tausend sapperment! Wem gehörst denn zu?«

»Dem Waldbauer.«

»Zum Waldbauer willst gar hinauf? Da musst gut anrauchen.«

»Tu's schon«, sagte ich und rauchte an.

»Nach einem solchen Marsch wirst gut schlafen bei der Nacht«, versetzte der Kilian, mit mir gleichen Schritt haltend.

»Heut wird nicht geschlafen bei der Nacht, heut ist Christnacht.«

»Was willst denn sonst tun, als schlafen bei der Nacht?«

»Nach Kathrein in die Metten gehen.«

»Nach Kathrein?« fragte er, »den weiten Weg?«

»Um zehn Uhr abends gehen wir vom Haus fort, und um drei Uhr früh sind wir wieder daheim.«

Der Kilian biss in sein Pfeifenrohr und sagte: »Na, hörst du, da gehört viel Christentum dazu. Beim Tag ins Mürztal und bei der Nacht in die Metten nach Kathrein! So viel Christentum hab ich nicht, aber das sage ich dir doch: Wenn du dein Bündel in meinen Buckelkorb tun willst, dass ich es dir eine Zeitlang trage und du dich ausrasten kannst, so hast ganz recht, warum soll der alte Esel nicht auch einmal tragen!«

Damit war ich einverstanden, und während mein Bündel in seinen Korb sank, dachte ich: Der grüne Kilian ist halt doch ein besserer Mensch, als man sagt.

Dann rückten wir wieder an, ich huschte frei und leicht neben ihm her.

»Ja, ja, die Weihnachten!« sagte der Kilian fauchend, »da geht's halt drunter und drüber. Da reden sich die Leut in eine Aufregung und Frömmigkeit

hinein, die gar nicht wahr ist. Im Grund ist der Christtag wie jeder andere Tag, nicht einen Knopf anders.
Der Reiche, ja, der hat jeden Tag Christtag, unser-
einer hat jeden Tag Karfreitag.«

»Der Karfreitag ist auch schön«, war meine Meinung.

»Ja, wer genug Fisch und Butter und Eier und Kuchen und Krapfen hat zum Fasten!« lachte der Kilian.

Mir kam sein Reden etwas heidentümlich vor. Doch
was er noch weiteres sagte, das verstand ich nicht mehr, denn
er hatte angefangen, sehr heftig zu gehen, und ich konnte nicht recht
nachkommen. Ich rutschte auf dem glitschigen Schnee mit jedem
Schritt ein Stück zurück, der Kilian hatte Fußeisen angeschnallt, hatte
lange Beine, war nicht abgemattet – da ging's freilich voran.

»Herr Kilian!« rief ich.

Er hörte es nicht. Der Abstand zwischen uns wurde immer größer,
bei Wegbiegungen entschwand er mir manchmal ganz aus den Augen, um nachher wieder in größerer Entfernung, halb schon von Ne-
beldämmerung verhüllt, aufzutauchen. Jetzt wurde mir bang um mein
Bündel. Kamen wir ja doch schon dem Höllkogel nahe. Das ist jene
Stelle, wo der Weg nach Alpl und der Weg nach Fischbach sich gabeln.
Ich hub an zu laufen; im Angesichte der Gefahr war alle Müdigkeit
dahin, ich lief wie ein Hündlein und kam ihm näher. Was wollte ich
aber anfangen, wenn ich ihn eingeholt hätte, wenn ihm der Wille fehlte, die Sachen herzugeben, und mir die Kraft, sie zu nehmen? Das kann
ein schönes Ende werden mit diesem Tag, denn die Sachen lasse ich
nicht im Stich, und sollte ich ihm nachlaufen müssen bis hinter den
Fischbacher Wald zu seiner Hütte!

Als wir denn beide so merkwürdig schnell vorwärtskamen, holten wir
ein Schlittengespann ein, das vor uns mit zwei grauen Ochsen und einem
schwarzen Kohlenführer langsam des Weges schliff. Der Grabler-Hansel! Mein grüner Kilian wollte schon an dem Gespann vorüberhuschen,
da schrie ich von hinten her aus Leibeskräften: »Hansel! Hansel! Sei so
gut, leg mir meine Christtagsachen auf den Schlitten, der Kilian hat sie
im Korb, und er soll sie dir geben!«

Mein Geschrei muss wohl sehr angstvoll gewesen sein, denn der Hansel sprang sofort von seinem Schlitten und nahm eine tatbereite Haltung ein. Und wie der Kilian merkte, ich hätte hier einen Bundesgenossen, riss er sich den Korb vom Rücken und schleuderte das Bündel auf den Schlitten. Er knirschte noch etwas von »dummen Bären« und »Undankbarkeit«, dann war er auch schon davon.

Der Hansel rückte das Bündel zurecht und fragte, ob man sich draufsetzen dürfe. Das, bat ich, nicht zu tun.

So tat er's auch nicht, wir setzten uns hübsch nebeneinander auf den Schlitten, und ich hielt auf dem Schoß sorgfältig mit beiden Händen die Sachen für den Christtag. So kamen wir endlich nach Alpl. Als wir zur ersten Fresenbrücke gekommen waren, sagte der Hansel zu den Ochsen: »Oha!« und zu mir: »So!« Die Ochsen verstanden und blieben stehen, ich verstand nicht und blieb sitzen.

Aber nicht mehr lange, es war ja zum Aussteigen, denn der Hansel musste links in den Graben hinein und ich rechts den Berg hinauf.

»Dank dir's Gott, Hansel!«

»Ist schon gut, Peterl.«

Zur Zeit, da ich mit meiner Last den steilen Berg hinanstieg gegen mein Vaterhaus, begann es zu dämmern und zu schneien. Und zuletzt war ich doch daheim.

»Hast alles?« fragte die Mutter am Kochherd mir entgegen.

»Alles!«

»Brav bist. Und hungrig wirst sein.«

Beides ließ ich gelten. Sogleich zog die Mutter mir die klingendhart gefrorenen Schuhe von den Füßen, denn ich wollte, dass sie frisch eingefettet würden für den nächtlichen Mettengang. Dann setzte ich mich in der warmen Stube zum Essen.

Aber siehe, während des Essens geht es zu Ende mit meiner Erinnerung. – Als ich wieder zu mir kam, lag ich wohlausgeschlafen in meinem warmen Bett, und zum kleinen Fenster herein schien die Morgensonne des Christtages.

PETER ROSEGGER

Weihnachten

Unsere Kirche feiert verschiedene Feste, welche zum Herzen dringen. Man kann sich kaum etwas Lieblicheres denken als Pfingsten und kaum etwas Ernsteres und Heiligeres als Ostern. Das Traurige und Schwermütige der Karwoche und darauf das feierliche des Sonntags begleiten uns durch das Leben. Eines der größten Feste feiert die Kirche fast mitten im Winter, wo die längsten Nächte und die kürzesten Tage sind, wo die Sonne am schiefsten gegen unsere Gefilde steht, und Schnee und Fluren deckt: das Fest der Weihnacht.

Wie in vielen Ländern der Tag vor dem Geburtsfeste des Herrn Christabend heißt, so heißt er bei uns der heilige Abend, der darauf folgende Tag der heilige Tag und die dazwischen liegende Nacht, die Weihnacht. Die Katholische Kirche begeht den Christtag als den Tag der Geburt des Heilands mit ihrer allergrößten kirchlichen Feier; in den meisten Gegenden wird schon die Mitternachtsstunde als die Geburtsstunde des Herrn mit prangender Nachtfeier geheiligt, zu der die Glocken durch die stille, finstere, winterliche Mitternachtsluft laden, zu der die Bewohner 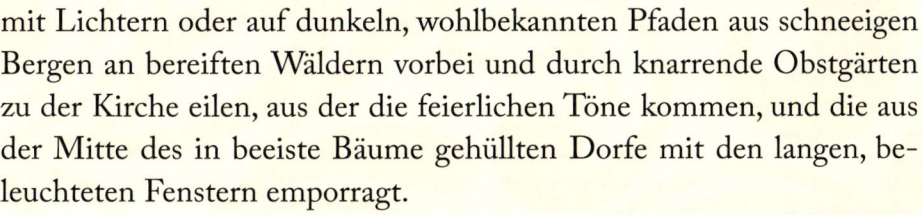 mit Lichtern oder auf dunkeln, wohlbekannten Pfaden aus schneeigen Bergen an bereiften Wäldern vorbei und durch knarrende Obstgärten zu der Kirche eilen, aus der die feierlichen Töne kommen, und die aus der Mitte des in beeiste Bäume gehüllten Dorfe mit den langen, beleuchteten Fenstern emporragt.

Mit dem Kirchenfest ist auch ein häusliches verbunden. Es hat sich fast in allen christlichen Ländern verbreitet, dass man den Kindern die Ankunft des Christkindleins – auch eines Kindes, des wunderbarsten, das je auf der Welt war – als ein heiteres, glänzendes, feierliches Geschehen zeigt, das durch das ganze Leben fortwirkt und manchmal noch spät im Alter bei trüben, schwermütigen oder rührenden Erinnerungen gleichsam als Rückblick in die einstige Zeit mit den bunten, schimmernden Fittichen durch den öden, traurigen und ausgeleerten Nachthimmel fliegt. Man pflegt den Kindern die Geschenke zu geben, die das heilige Christkindlein gebracht hat, um ihnen Freude zu machen. Das tut man gewöhnlich am heiligen Abend, wenn die tiefe Dämmerung eingetreten ist. Man zündet Lichter und meistens sehr viele an, die oft mit den kleinen Kerzlein auf den schönen grünen Ästen eines Tannen- oder Fichtenbäumchens schweben, das mitten in der Stube steht. Die Kinder dürfen nicht eher kommen, als bis das Zeichen gegeben wird, dass der heilige Christ zugegen gewesen ist und die Geschenke, die er mitgebracht, hinterlassen hat. Dann geht die Tür auf, die Kleinen dürfen hinein, und bei dem herrlichen, schimmernden Lichterglanze sehen sie Dinge an dem Baum hängen oder auf dem Tische herumgebreitet, die alle Vorstellungen ihrer Einbildungskraft weit übertreffen, die sie sich nicht anzurühren getrauen, und die sie endlich, wenn sie dieselben bekommen haben, den ganzen Abend in ihren Ärmchen herumtragen und mit sich in das Bett nehmen.

Wenn sie dann zuweilen in ihren Träumen hinein die Glockentöne der Mitternacht hören, durch welche die Großen in die Kirche zur Andacht gerufen werden, dann mag es ihnen sein, als zögen jetzt die Englein durch den Himmel, oder als kehre der heilige Christ nach Hause, welcher nunmehr bei allen Kindern gewesen ist und jedem von ihnen ein herrliches Geschenk gebracht hat.

Wenn dann der folgende Tag, der Christtag kommt, so ist er ihnen so feierlich, wenn sie früh morgens, mit ihren schönsten Kleidern angetan, in der warmen Stube stehen; wenn der Vater und die Mutter sich zum Kirchgang schmücken, wenn zu Mittag ein feierliches Mahl ist, ein besseres als an jedem

Tage des ganzen Jahres, und wenn Nachmittags oder gegen den Abend hin Freunde und Bekannte kommen, auf den Stühlen oder Bänken herumsitzen, miteinander reden und behaglich durch die Fenster in die Wintergegend hineinschauen können, wo entweder die langsamen Flocken niederfallen oder ein trübender Nebel um die Berge steht oder die blutrote, kalte Sonne hinabsinkt. An verschiedenen Stellen der Stube, entweder auf einem Stühlchen oder auf der Bank oder auf dem Fensterbrettchen liegen die zauberischen, nun aber schon bekannteren oder vertrauteren Geschenke von gestern Abend herum.

Hierauf vergeht der lange Winter, es kommt der Frühling und der unendlich dauernde Sommer – und wenn die Mutter wieder vom heiligen Christ erzählt, dass nun bald sein Festtag sein wird, und dass er auch diesmal herabkommen werde, ist es den Kindern, als sei seit seinem letzten Erscheinen eine ewige Zeit vergangen, und als liege die damalige Freude in einer weiten, nebelgrauen Ferne.

Weil dieses Fest so lange nachhält, weil sein Abglanz so hoch in das Alter hinaufreicht, so stehen wir so gerne dabei, wenn Kinder dasselbe begehen und sich darüber freuen.

ADALBERT STIFTER

Unser erster Christbaum

Es waren die ersten Weihnachtsferien meiner Studentenzeit. Wochenlang hatte ich schon die Tage, endlich die Stunden gezählt bis zum Morgen der Heimfahrt von Graz ins Alpel. Und als der Tag kam, da stürmte und stöberte es, dass mein Eisenbahnzug stecken blieb. Da stieg ich aus und ging zu Fuß, frisch und lustig, sechs Stunden lang durch das Tal, wo der Frost mir Nase und Ohren abschnitt, dass ich sie gar nicht mehr spürte. Durch den Bergwald hinauf, wo mir so warm wurde, dass die Ohren auf einmal wieder da waren und heißer als je im Sommer.

So kam ich, als es schon dämmerte, glücklich hinauf, wo das alte Haus, schimmernd durch Gestöber und Nebel, wie ein verschwommener Fleck stand, einsam mitten in der Schneewüste. Als ich eintrat, wie war die Stube so klein und niedrig und dunkel und warm – urheimlich.

In den Stadthäusern verliert man ja allen Maßstab für ein Waldbauernhaus. Aber man findet sich gleich hinein, wenn die Mutter den Ankömmling ohne alle Umstände so grüßt: »Na, weil d' nur da bist!«

Auf dem offenen Steinherd prasselte das Feuer, in der guten Stube wurde eine Kerze angezündet. »Mutter, nit!«, wehrte ich ab, »tut lieber das Spanlicht anzünden, das ist schöner.«

Sie tat's aber nicht. Das Kienspanlicht ist für die Werktage. Weil nach langer Abwesenheit der Sohn heimkam, war für die Mutter Feiertag geworden. Darum die festliche Kerze.

Als die Augen sich an das Halblicht gewöhnt hatten, sah ich auch das

Nickerl, das achtjährige Brüderlein. Es war das jüngste und letzte. »Ausschauen tust gut!«, lobte die Mutter meine vom Gestöber geröteten Wangen. (...)

In der dem Christfest vorhergehenden Nacht schlief ich wenig – etwas Seltenes in jenen Jahren. Die Mutter hatte mir auf dem Herd ein Bett gemacht mit der Weisung, die Beine nicht zu weit auszustrecken, sonst kämen sie in die Feuergrube, wo die Kohlen glosten. Die glosenden Kohlen waren gemütlich, das knisterte in der still finsteren Nacht so hübsch und warf manchmal einen leichten Glutschein an die Wand, wo in einem Gestelle die bunt bemalten Schüsseln lehnten.

Da war ein Anliegen, über das ich schlüssig werden musste in dieser Nacht, ehe die Mutter an den Herd trat, um die Morgensuppe zu kochen. Ich hatte viel sprechen hören davon, wie man in den Städten Weihnacht feiert. Da sollen sie ein Fichtenbäumchen, ein wirkliches kleines Bäumchen aus dem Wald, auf den Tisch stellen, an seinen Zweigen Kerzlein befestigen, sie anzünden, darunter sogar Geschenke für die Kinder hinlegen und sagen, das Christkind hätte es gebracht. Nun hatte ich vor, meinem kleinen Bruder, dem Nickerl, einen Christbaum zu errichten. Aber alles im Geheimen, das gehört dazu. Nachdem es soweit Taglicht geworden war, ging ich in den frostigen Nebel hinaus. Und just dieser Nebel schützte mich vor den Blicken der ums Haus herum arbeitenden Leute, als ich vom Walde her mit einem Fichtenwipfelchen gegen die Wagenhütte lief.

Dann ward es Abend. Die Gesindleute waren noch in den Ställen beschäftigt oder in den Kammern, wo sie sich nach der Sitte des

Heiligen Abends die Köpfe wuschen und ihr Festgewand herrichteten. Die Mutter in der Küche buk die Christtagskrapfen, und der Vater mit dem kleinen Nickerl besegnete den Hof. Hatte nämlich der Vater in einem Gefäß glühende Kohlen, hatte auf dieselben Weihrauch gestreut und ging damit durch alle Räume des Hofes, um sie zu beräuchern und dabei schweigend zu beten. Es sollten böse Geister vertrieben und gute ins Haus gesegnet werden.

Dieweilen also die Leute draußen zu tun hatten, bereitete ich in der großen Stube den Christbaum. Das Bäumchen, das im Scheite stak, stellte ich auf den Tisch. Dann schnitt ich vom Wachsstock zehn oder zwölf Kerzchen und klebte sie an die Ästlein. Unterhalb, am Fuße des Bäumchens, legte ich einen Wecken hin.

Da hörte ich über der Stube auf dem Dachboden auch schon Tritte – langsame und trippelnde. Sie waren schon da und segneten den Bodenraum. Bald würden sie in der Stube sein, mit der wir den Rauchgang zu beschließen pflegten. Ich zündete die Kerzen an und versteckte mich hinter dem Ofen.

Die Tür ging auf, sie traten herein mit ihren Weihgefäßen und standen still. »Was ist denn das?«, sagte der Vater mit leiser, lang gezogener Stimme. Der Kleine starrte sprachlos drein. In seinen großen, runden Augen spiegelten sich wie Sternlein die Christbaumlichter.

Der Vater schritt langsam zur Küchentür und flüsterte hinaus: »Mutter, hast du das gemacht?«

»Maria und Josef!« hauchte die Mutter, »was lauter habens denn da auf den Tisch getan?« Bald kamen auch die Knechte und Mägde herbei, hell erschrocken über die seltsame Erscheinung. Da vermutete einer, ein Junge, der aus dem Tal war: Es könnte ein Christbaum sein ...

Sollte es denn wirklich wahr sein, dass Engel solche Bäumlein vom Himmel bringen? – Sie schauten und staunten. Und aus des Vaters Gefäß qualmte der Weihrauch und füllte schon die ganze Stube, so dass es war wie ein zarter Schleier, der sich über das brennende Bäumchen legte.

Die Mutter suchte mit den Augen in der Stube herum: »Wo ist denn der Peter?«

Da erachtete ich es an der Zeit, aus dem Ofenwinkel hervorzutreten. Den kleinen Nickerl, der immer noch sprachlos und unbeweglich war, nahm ich an den kühlen Händchen und führte ihn vor den Tisch. Fast sträubte er sich. Aber ich sagte – selber tief feierlich gestimmt – zu ihm: »Tu dich nicht fürchten, Brüderl! Schau, das lieb Christkind hat dir einen Christbaum gebracht. Der ist dein.«

Und da hub der Kleine an zu wiehern vor Freude und Rührung, und die Hände hielt er gefal-
tet wie in der Kirche.

Öfter als vierzigmal seither habe ich den
Christbaum erlebt, mit mächtigem Glanz,
mit reichen Gaben und freudigem Jubel
unter Großen und Kleinen. Aber größere Christbaumfreude, ja eine so helle
Freude hab ich noch nicht gesehen,
als jene meines kleinen Brüderlein
Nickerl – dem es so plötzlich und
wundersam vor Augen trat –,
ein Zeichen dessen, der da vom
Himmel kam.

PETER ROSEGGER

Briefe zur Weihnacht

Am Weihnachtsmorgen

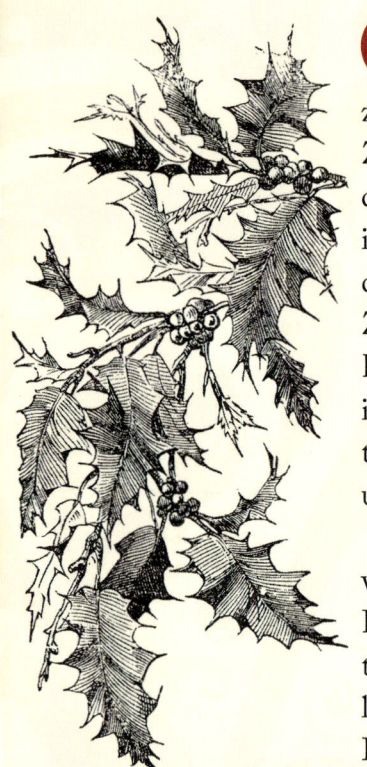

Christtag früh. Es ist noch Nacht, lieber Kestner, ich bin aufgestanden, um bei Lichte morgens wieder zu schreiben, das mir angenehme Erinnerungen voriger Zeiten zurückruft; ich habe mir Coffee machen lassen, den Festtag zu ehren, und will euch schreiben, bis es Tag ist. Der Türmer hat sein Lied schon geblasen, ich wachte darüber auf. Gelobet seist du, Jesus Christ! Ich hab diese Zeit des Jahrs gar lieb, die Lieder, die man singt, und die Kälte, die eingefallen ist, macht mich vollends vergnügt. ich habe gestern einen herrlichen Tag gehabt, ich fürchtete für den heutigen, aber der ist auch gut begonnen, und da ist mir's fürs Enden nicht angst.

Der Türmer hat sich wieder zu mir gekehrt; der Nordwind bringt mir seine Melodie, als blies er vor meinem Fenster. Gestern, lieber Kestner, war ich mit einigen guten Jungens auf dem Lande; unsre Lustbarkeit war sehr laut und Geschrei und Gelächter von Anfang zu Ende. Das taugt sonst nichts für die kommende Stunde. Doch was können die heiligen Götter nicht wenden, wenn's ihnen beliebt; sie gaben mir einen frohen Abend, ich hatte keinen Wein getrunken, mein Aug war ganz unbefangen über die Natur. Ein schöner Abend, als wir zurückgingen; es ward Nacht. Nun muss ich Dir sagen, das ist immer eine Sympathie für meine Seele, wenn die Sonne lang hinunter ist und die Nacht von Morgen heraus nach Nord und Süd um sich gegriffen hat, und nur noch ein dämmernder Kreis von Abend herausleuchtet. Seht, Kestner, wo das Land flach ist, ist's das herrlichste Schauspiel, ich habe jünger und wärmer stundenlang so ihr zugesehn hinabdämmern auf meinen Wanderungen. Auf der Brücke hielt ich still. Die düstre Stadt zu beiden Seiten, der stilleuchtende Horizont, der Widerschein im Fluss machte einen köstlichen Eindruck in meine Seele, den ich mit beiden Armen umfasste. Ich lief zu den Gerocks, ließ mir Bleistift geben und Papier und zeichnete zu meiner großen Freude das ganze Bild so dämmernd warm, als es in meiner Seele stand. Sie hatten alle Freude mit mir darüber, empfanden alles, was ich gemacht hatte, und da war ich's erst gewiss, ich bot ihnen an, drum zu würfeln, sie schlugen's aus und wollen, ich soll's Mercken schicken. Nun hängt's hier an meiner Wand und freut mich heute wie gestern. Wir hatten einen schönen Abend zusammen, wie Leute, denen das Glück ein großes Geschenk gemacht hat, und ich schlief ein, den Heiligen im Himmel dankend, dass sie uns Kinderfreude zum Christ bescheren wollen.

Als ich über den Markt ging und die vielen Lichter und Spielsachen sah, dacht ich an euch und meine Bubens, wie ihr ihnen kommen würdet, diesen Augenblick ein himmlischer Bote mit dem blauen Evangelio, und wie aufgerollt sie das Buch erbauen werde. Hätt ich bei euch sein können, ich hätte wollen so ein Fest Wachsstöcke illuminieren, dass es in den kleinen Köpfen ein Widerschein der Herrlichkeit des Himmels geglänzt hätte. Die Torschließer kommen vom Bürgermeister und rasseln mit den Schlüsseln. Das erste Grau des Tags kommt mir über des Nachbarn Haus, und die Glocken läuten eine christliche Gemeinde zusammen. Wohl, ich bin erbaut hier oben auf meiner Stube, die ich lang nicht so lieb hatte als jetzt.

JOHANN WOLFGANG VON GOETHE
an Johann Christian Kestner, Weihnachten 1772

Mein lieber Freund!

Die Weihnacht ist gekommen mit ihrem Troste. mit ihrem Himmelsfrieden für's kranke Menschenherz. Sie ist so erhaben und heilig, diese Nacht, dass sie eigentlich gar nicht auf die Erde gehört, sondern ins Himmelreich.

Lass mich heute, mein Emil, eine glückliche Stunde träumen; träume mit mir, träumen wir zusammen!

Mag uns die Zukunft bringen, was sie will, und soll es auch das Schwerste sein; wir sind wir und bieten dem Schicksal die Stirn. Und zerfällt auch das, was der Welt unser Sein repräsentiert, zu Staub, wir sind uns geblieben und im Geisterreich feiern wie ewig unsere Freundschaft, unseren Christbaum!

PETER ROSEGGER
an Emil Brunlechner im Dezember 1867

Liebe Clara,

Du weißt, was mir in meiner frühen Kindheit Weihnachten war; selbst noch dann, als die Militärschule mir ein wunderloses, hartes, unbegreiflich boshaftes Leben so glaubhaft vortäuschte, dass mir keine andere neben jener unverschuldeten Wirklichkeit möglich schien; selbst dann noch war Weihnachten wirklich und war das, was mit einer Erfüllung herankam, die über alle Wünsche hinausging, und wenn es über die äußersten letzten nie noch gewünschten hinaus war, dann begann es erst recht, dann faltete es, das bisher gegangen war, Flügel aus und flog, flog, bis es nicht mehr zu sehen war und man nur noch die Richtung wusste, in dem großen fließenden Licht. Und das alles hatte noch immer, immer noch Macht über mich.

Da erst merkte ich, dass mir dieses Weihnachten noch da war und nicht wie eines, das einmal war und vergangen ist, sondern wie ein immerwährendes, ewiges Weihnachtsfest, zu dem das innere Gesicht sich hinwenden kann, sooft es seiner bedarf.

RAINER MARIA RILKE
an seine Frau Clara im Dezember 1906

Vom Christkind

Wenn der tiefe, weiße, makellose Schnee die Gefilde weithin bedeckt und an heitern Tagen die Sonne ihn mit Glanz überhüllt, dass er allerwärts funkelt; wenn die Bäume des Gartens die weißen Zweige zu dem blauen Himmel strecken und wenn die Bäume des Waldes, die edlen Tannen, ihre Fächer mit Schnee belastet tragen, als hätte das Christkindlein schon lauter Christbäume gesetzt, die in Zucker und Edelsteinen flimmern: so schlägt das Gemüt der Feier entgegen, die da kommen soll. Und selbst wenn düstre, dicke Nebel die Gegend bedecken oder in schneeloser Zeit die Winde aus warmen Ländern bleigraue Wolken herbeijagen, die Regen und Stürme bringen, und wenn die Sonne tief unten, als wäre sie von uns weg zu glücklicheren Ländern gegangen, nur zuweilen matt durch den Schleier hervorblickt, so würden fromme Kinder den Glanz durch den Nebel oder durch die bleigrauen Wolken ziehen sehen, wie das Christkindlein durch sie hinschwebt, wenn sie nur eben zu der Zeit hinaussähen, da das Christkindlein vorüberschwebt; denn das Christkindlein rüstet sich auch schon lange Zeit zu seinem Geburtsfeste, um den Kindern zu rechter Zeit ihre Gaben zu bescheren.

Und endlich kommt die heilige Nacht. So kurz die Tage sind, so hat doch an diesem Tage die Nacht gar nicht kommen wollen und immer dauerte der Tag. Das Christkind aber gibt die Gaben nur in der Nacht seiner Geburt. Und sie ist jetzt gar wirklich gekommen, diese Nacht. Die Lichter brennen schon in dem schönen Zimmer der Stadtleute, auf der Leuchte in der Stube der alten Waldhütte brennt der Kien oder es brennt ein Span in seiner eisernen Zange auf einem hölzernen Gestelle. In dem Zimmer mit den Lichtern oder in der Stube mit dem brennenden Kien oder dem brennenden Span harren die Kinder. Da kommt die Mutter und sagt: »Das Christkindlein ist schon dagewesen.«

Und nun öffnen sich die Flügeltüren und die Kinder und alle, die gekommen sind, die Freude zu teilen, gehen in das verschwiegene Zimmer. Dort steht der Baum, der sonst nichts als grün gewesen ist. Jetzt sind unzählige flimmernde Lichter auf ihm und bunte Bänder aus Gold und unbekannte Kostbarkeiten hängen von ihm nieder. Und der Gaben ist eine Fülle auf ihm, dass man sich kaum fassen kann. Die Kinder sehen ihre liebsten Wünsche erfüllt und sogar die Erwachsenen und selbst der Vater und die Mutter haben von dem Christkind Geschenke erhalten, weil sie Freunde der Kinder sind und die Kinder lieben. Die Bangigkeit der Erwartung geht jetzt in Jubel auf und man kann nicht enden, sich zu zeigen, was gespendet worden ist. Man zeigt es sich immer wieder und immer wieder und freut sich, bis der Erregung die Ermattung folgt und der Schlummer die kleinen Augenlider schließt.

ADALBERT STIFTER

Köstlichkeiten zur Advents- und Weihnachtszeit

Rezepte für festliche Genüsse

Rezept für Glühwein

Zutaten:

1 Liter Rotwein
2 Zimtstangen
abgeriebene Schale von 1 unbehandelten
Orange und 1 unbehandelten Zitrone
5 Gewürznelken
Kristallzucker

So wird's gemacht:
Der Rotwein wird zusammen mit den Gewürzen und der hauchdünnen Schale der Orange und der Zitrone eine Stunde zugedeckt erhitzt (nicht gekocht!). Anschließend läßt man ihn noch ca. 30 Minuten ziehen, bevor Zucker nach persönlichem Gusto hinzugefügt wird. Der Glühwein wird dann durch ein Sieb gegossen und vor dem Ausschenken noch einmal erhitzt.

Rezept für Weihnachtspunsch

Zutaten:

4 Saftorangen und Saft von 2 Zitronen
450 Gramm Zucker
750 Milliliter Liter Wasser
Teebeutel (Schwarztee)
1 Zimtrinde
250 Milliliter Rum
einige Tropfen Vanillelikör oder ein kleines Stück Vanille

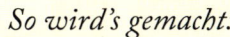

So wird's gemacht:
Der Würfelzucker wird an der Schale einiger Orangen abgerieben, dann unter Zugabe einer sehr dünn abgeschälten Schale einer ungespritzen Orange mit Wasser bis zum Spinnen gekocht. In den gesponnenen Zucker wird der Saft der Orangen und Zitronen, der Tee, die Zimtrinde sowie der Rum gemischt und nach Gusto mit Vanillelikör oder einem Stück echter Vanille harmonisiert.

Man muss darauf achten, das Getränk nur noch zu erhitzen, aber nicht zu kochen. Nur so bleiben Aroma und Alkohol erhalten. Dann wird der Punsch geseiht, in Gläser gefüllt und dampfend heiß mit einer am Gläserrand eingehängten Orangenscheibe serviert.

Rezept für Bratäpfel

Zutaten:
4 Äpfel (am besten der Sorte Boskop oder Jonathan)
40 Gramm Rosinen
80 Gramm Nüsse
1 Esslöffel Honig
250 Milliliter Weißwein
1 Esslöffel Zucker
1 Teelöffel Zimt

So wird's gemacht:
Die Äpfel werden gewaschen und vom Kerngehäuse entfernt, dann ritzt man die Schale an einigen Stellen ein. Honig, Zimt, geriebene Nüsse und Rosinen werden gemischt und in die Äpfel gefüllt.

Die Äpfel kommen in eine Kasserolle, der Wein und Zucker beigegeben wird. Dann braten sie zwanzig Minuten lang bei 180 Grad im Rohr.

Was das Weihnachtsgebäck bedeutet

Das Wunder der Christnacht, in der die ganze Welt verwandelt wurde, haben sich frühere Generationen in der Legende vom ersten Weihnachtsgebäck zu verdeutlichen versucht:

Als die Hirten auf dem Feld den Stern der Weihnacht sahen, machten sie sich sofort auf den Weg nach Bethlehem. Vor freudiger Erregung vergaßen sie, dass sie Brot im Backofen hatten. Daran erinnerten sie sich erst auf dem Rückweg, und sie rechneten damit, den Teig völlig verbrannt vorzufinden. Als sie aber den Backofen öffneten, da strömte ihnen ein wunderbarer Duft entgegen. Vorsichtig kosteten sie den schwarz gewordenen Teig, und statt des verkohlten Brotes hielten sie ein schmackhaftes dunkles Gebäck in Händen. Davon gaben sie allen Freunden und Verwandten eine Kostprobe; weil dies aber sehr viele Menschen waren, brachen die Hirten das Gebäck in viele kleine Stückchen. Zur Erinnerung an dieses Wunder begannen sie dann, alljährlich zur Christnacht kleine würzige Honigkuchen zu backen, äußerlich dunkel und unansehnlich wie das Geschehen im Stall, aber voll nie geahnter Süße.

Schon in dieser Legende klingt der Gedanke auf, dass das weihnachtliche Backwerk in seiner dunklen, unscheinbaren Gestalt ein süßes Wunder widerspiegelt. Noch heute gibt es bei uns die alten Bezeichnungen Lebkuchen und Pfefferkuchen. Das Wort leb stammt aus dem Althochdeutschen und bedeutet »Heil- und Arzneimittel«. In den Klöstern hatte man Jahrhunderte hindurch besondere Gärten für Arzneimittel angelegt, und die hier gezüchteten Pflanzen oder die daraus gewonnenen Säfte wurden als Medizin bereitet und waren sehr begehrt. Aber im Gegensatz zu heute stellte man daraus keine Tabletten her, sondern die Heilkräuter und Heilsäfte wurden zu kleinem Gebäck verarbeitet. In der Weihnachtszeit stellte man aus besonders wohlschmeckenden Kräutern und Säften Heilgebäck her, und diese Lebkuchen wurden in den Klöstern verteilt. Manchmal wurde sogar darüber gepredigt, dass diese dem Körper Wohlbehagen und Gesundheit schenkenden Küchlein eindringlich machen sollen, dass das Weihnachtsgeschehen die ganze Welt heil und ganz machen solle.

Der Name Pfefferkuchen kommt aus dem Hochmittelalter. Damals begann der Gewürzhandel mit dem Orient. Von diesen Gewürzen war der Pfeffer besonders begehrt, und weithin wurden alle morgenländischen Gewürze als Pfeffer bezeichnet. Man nannte ja damals auch die Kaufleute spottweise »Pfeffersäcke«. Die aus dem Orient recht mühselig herangeschafften Gewürze waren sehr teuer, und die meisten konnten sie nur zu besonderen Festtagen kaufen und verwenden. In der Weihnachtszeit aber wurde damit nicht gespart, dann aß man »Pfefferkuchen«.

Alte Hausbücher berichten davon, dass die Leb- und Pfefferkuchen mit siebenerlei oder neunerlei Gewürzen gebacken werden. Selbst auf den kleinen Tüten, in denen wir heute die Gewürze für all die kleinen Kuchen fertig gemischt kaufen, steht manchmal noch die Bezeichnung »Siebenerlei Gewürz«.

Hutzelbrot

Weinbeer, Mandel, Sultaninen,
Süße Feigen und Rosinen,
Welsche Nüsse, fein geschnitten,
Zitronat auch, muss ich bitten,
Birnenschnitzel doch zumeist
Und dazu den Kirschengeist,
Wohl geknetet mit der Hand
Alles kräftig durcheinand,
Und darüber Teig gewoben -
Heißa! Das muss ich mir loben,
Solch ein Brot kann's nur im Leben
Jedesmal zur Weihnacht geben.

ISABELLA BRAUN

Die Zahl Sieben galt im Mittelalter als Ausdruck der Vollkommenheit: In sieben Tagen schuf Gott Himmel und Erde, jede Woche von einem Sonntag zum anderen hat sieben Tage. Um jedem Tag »die rechte Würze« zu geben, verwendete man für das weihnachtliche Gebäck siebenerlei Gewürze.

Neunerlei Gewürze bezog man im Mittelalter auf den vollendeten Lobpreis Gottes. Wir reden heute meist nur oberflächlich von der Dreieinigkeit, aber das Mittelalter wurde nicht müde zu verkünden, dass die Zahl Drei die Zahl der göttlichen Vollendung war. Man zog da ebenso Parallelen zu Erde, Luft und Wasser wie zu Himmel, Erde, Hölle oder Vater, Sohn und Geist. In dieser dreifachen Dreiheit erkannte man die höchste Vollendung, darum mischte man das Früchtebrot und andere Gewürzkuchen mit neunerlei Gewürzen.

Wir werden uns heute über die besonderen Zutaten zum Advents- und Weihnachtsgebäck zumeist keine weiteren Gedanken machen, aber früher sind diese Zutaten sehr sinnvoll und bedeutungsreich ausgewählt worden. In der Adventszeit nahm man vor allem Nüsse und Mandeln, die als ein Sinnbild des Wortes Gottes erschienen. In einer hölzernen, scheinbar wertlosen Schale liegt ein süßer Kern verborgen, das Sinnbild des verborgenen Lebens überhaupt. Wenn früher Nüsse und Mandeln in der Adventszeit verbacken wurden, dann erzählt man den Kindern von diesem Sinngehalt.

Während mit Nüssen und Mandeln das Adventsgebäck auf die noch verborgenen Herrlichkeiten hinweist, sollen die besonderen Zutaten des Weihnachtsgebäcks die Fülle des Segens ausdrücken. Für kleine und große Kinder ist das weihnachtliche Backwerk erst dann so richtig weihnachtlich, wenn es eine dicke Schicht bunten Streuzuckers hat. Ursprünglich wurde dieses Gebäck mit Mohn oder Hirsekörnern geschmückt, was heute noch in manchen Gegenden Brauch ist. Dabei dachte man ebenso wie bei der reichlichen Verwendung von Rosinen an das Geheimnis der Samenkörner. In der Fülle dieser Körner sah man einen rechten Ausdruck des überschwänglichen Sinnes der Christnacht. Jedes Körnchen verheißt neues Leben und besonderes Glück, der bunte Zucker versinnbildlicht die unermessliche Gnadenfülle.

Fast unübersehbar ist heute dieses würzige Gebäck in den verschiedensten Zusammensetzungen und vielfachen Formen. Jede Landschaft und jede Zeit hat besonderes Advents- und Weihnachtsgebäck geschaffen. Heute erscheint all das verschiedene Kleingebäck nebeneinander; ursprünglich aber war jede Art an einen besonderen Tag gebunden. Ein Beispiel ist der Spekulatius. Spekulatien wurden zu Ehren des heiligen Nikolaus gebacken und gehen auf eine Legende der Rettung aus der Hungersnot zurück, die dem Bischof von Myra zugeschrieben wird. Der merkwürdige Name dieser Plätzchen kommt von dem lateinischen Bischofstitel der alten Zeit: Spekulatius, das heißt Aufseher, wurde der Bischof genannt. Auf jenen kleinen Kuchen wurde die ganze Geschichte vom Bischof Nikolaus dargestellt; das ist der Ursprung der heute noch so vielfältigen Formen der Spekulatien.

Die große
Weihnachtsbäckerei

In den verschiedenen Landschaften Deutschlands wird seit jeher das Weihnachtsfest unterschiedlich gefeiert. Eines ist jedoch in allen Orten stets gleich geblieben: das traditionelle Weihnachtsgebäck. Oft wird damit schon in der Adventszeit begonnen, und es ist speziell für Kinder fröhlicher Auftakt der Festzeit, wenn sie der Mutter beim Kneten, Formen und Backen unterschiedlichster Spezialitäten helfen können.

Die wunderbare Lebkuchenbäckerei

Der Brauch, vor Weihnachten köstliche haltbare Leckereien herzustellen, ist schon uralt. In den Volkskunstmuseen finden wir noch viele schöne Nachbildungen kunstvoller *Gebildbrote*. Schon 1474 wurden auch die *Christstollen* oder *Striezl* als lohnendes Handelsobjekt für Sachsen und Thüringen angegeben. Noch älter sind die Nürnberger *Lebkuchen*, von denen schon im Jahr 1300 berichtet wird. Die »Läpkuchen«, zu denen man die Gewürze eigens aus Venedig bezog, waren als verdauungsfördernde Medizin von Mönchen erfunden worden, aber dann wurden sie bald allgemein als süßes Backwerk sehr geschätzt. Die Lebkuchenmanufakturen klebten später bunte Bildchen mit Versen darauf, aber in den Familien wurden die Lebkuchen mit dem Messer aus dem Teig geschnitten und liebevoll verziert. Diesen Brauch können wir heute wieder aufgreifen, denn er ist sehr sinnträchtig. Allzu ängstliche Gemüter können sich erst eine Papierschablone zeichnen und an ihr entlang dann den Teig schneiden. Das fertige Gebäck wird dann noch mit Zuckerglasur kunstvoll verziert. In ein Eiweiß wird soviel Puderzucker gerührt, bis ein fester Brei entsteht, den wir mit einem Papiertütchen aufspritzen können.

Die Glasur lässt sich mit ungiftigen Lebensmittelfarben färben. Jede Bäckerei und auch die Weihnachtstorte kann man mit solcher Glasur hübsch verzieren und sogar beschriften. Buchstaben für die Gebäckteller, aber auch Christbäumchen, Christkindchen, Vogelnestchen und anderes lässt sich gut aus Teig formen.

Den Kindern macht es große Freude, immer wieder neue Formen zu erfinden, und sie sind glücklich und stolz, wenn sie dann am Christbaum »ihren« Stern oder »ihr« Lebkuchenmännchen entdecken.

Die schönsten Stücke werden natürlich für den Baum bestimmt. Ein großes Loch zum Aufhängen wird mit einem Fingerhut ausgestochen, ein kleines mit einer Stricknadel. Gebäckstücke ohne Loch kann man aber dann auch immer noch mit einem S-Haken aufhängen.

Werden Lebkuchen selbst gebacken, muss das zeitig vor Weihnachten geschehen, damit sie gut abliegen können; auch die Springerle werden erst nach vierzehn Tagen weich. Alle Makronenmassen, das Eiweißgebäck hält sich lange, während die Sorten, die Butter oder Margarine enthalten, möglichst erst zuletzt gemacht werden sollen.

In früherer Zeit wurde unheimlich viel vor Weihnachten gebacken (oft wurden erst zu Ostern die letzten Stücke verzehrt), denn es war streng verboten, in den Tagen und Nächten zwischen Weihnachten und dem Dreikönigstag zu arbeiten. Da durfte weder gebacken noch geputzt oder gewaschen werden; die Perchten würden sonst die aufgehängte Wäsche verzaubern.

Rezept für Lebkuchen

Zutaten:
1/2 Kilo Honig
1,5 Kilo Mehl
1/2 Kilo Zucker
1 Messerspitze Hirschhornsalz
Schalen von einer Orange
2 Dezigramm Speisesoda
je ein Stück Zimt, Muskat, Anis und Zitronat

So wird's gemacht:
In einer Pfanne wird der Zucker zu braunem Karamell geschmolzen und in 3/8 Liter Wasser aufgelöst. Dann wird Honig dazu gegeben und erhitzt, anschließend vom Herd genommen und mit 1 Kilo Mehl verrührt.

Der Teig muss dann einen Tag rasten, bevor die Gewürze und das restliche Mehl eingearbeitet werden. Er wird einen halben Zentimeter dick ausgerollt, woraus dann Formen wie Herzen, Sterne oder Tannenbäume ausgestochen werden, die mit etwas Wasser bestrichen werden.

Bei stärkerer Hitze backen und mit gesponnenem Zucker bestreichen, sobald das Blech mit den Lebkuchen aus dem Rohr genommen wird.

Rezept für Vanillekipferl

Zutaten:
250 Gramm Butter (oder Margarine)
100 Gramm Staubzucker
2 Eidotter
250 Gramm Mehl
2 Esslöffel geriebene Mandeln
Vanillezucker und Puderzucker zum Bestreuen

So wird's gemacht:

Die Butter wird in Würfel geschnitten, mit Staubzucker, Vanille-zucker, Eidotter, Mehl und den geriebenen Mandeln rasch zu einem Teig verknetet. Anschließend mindestens eine Stunde zugedeckt im Kühlschrank rasten lassen. Der Teig wird dann in einen Zentimeter dicke Stangen gerollt, die dann in ca. fünf Zentimeter lange Stücke geschnitten werden. Diese Teigstücke werden zu gleich großen Kipferln geformt (an den Enden dünn, in der Mitte etwas dicker).

Die Kipferln werden dann auf ein Backblech gelegt und bei 180 Grad etwa zehn Minuten im Rohr gebacken. Dann werden die Kipferln aus dem Rohr genommen und noch warm in einem Gemisch aus Puder- und Vanillezucker gewälzt.

Rezept für Zimtsterne

Zutaten:
160 Gramm Kristallzucker
200 Gramm geriebene Mandeln
2 Eiklar
3 Tropfen Zitronensaft
2 kleine Löffel Zimt

So wird's gemacht:

Das Eiklar wird mit dem Zitronensaft steif geschlagen, der Zucker löffelweise daruntergemengt, bis der Schnee schnittfest geworden ist. Von dieser Menge werden 3 Esslöffel Schnee beiseite gestellt, dann werden Zimt und geriebene Mandeln hineingerührt.

Der Teig wird auf einem mit Zucker bestreuten Brett zu einer Dicke von einem halben Zentimeter ausgewalkt. Dann sticht man Sterne aus, die mit dem zurückbehaltenen Schnee bestrichen werden. Die Zimtsterne werden bei 130 Grad so gebacken, dass der Guß hell bleibt und der Teig innen weich bleibt (ca. eine Viertelstunde).

Rezept für feine Butterplätzchen

Zutaten:
250 Gramm Mehl
125 Gramm Zucker
1 Päckchen Vanillinzucker
2 Eigelbe
125 Gramm Butter
3 Esslöffel Puderzucker (zum Bestäuben)
50 Gramm Schokoladenglasur (zum Bestreichen)

So wird's gemacht:
Aus den Zutaten für den Teig einen Mürbeteig bereiten, den Teig in Pergamentpapier einwickeln und 30 Minuten im Kühlschrank ruhen lassen. Den Backofen auf 200 Grad Celsius vorheizen. Das Backblech dünn mit Butter bestreichen.

Den Mürbeteig auf einer leicht bemehlten Arbeitsfläche etwa 3 mm dünn ausrollen. Mit beliebten Ausstechförmchen 40 Plätzchen ausstechen. Die Plätzchen auf das Backblech legen und auf der mittleren Schiebeleiste im vorgeheizten Backofen in 7 bis 10 Minuten goldgelb backen. Die Plätzchen sofort mit einem breiten Messer vom Blech heben, auf einem Kuchengitter abkühlen lassen und nach Belieben mit dem Puderzucker bestäuben oder mit der Schokoladenglasur bestreichen.

Rezept für Linzer Augen

Zutaten:

300 Gramm (drei Teile) Mehl

200 Gramm (zwei Teile) Butter

100 Gramm (ein Teil) Zucker

1 Päckchen Vanillezucker

1 Prise Salz

1 Eidotter

abgeriebene Schale von

1/2 unbehandelten Zitrone

Puderzucker

Erdbeer-, Johannisbeer- oder Marillenmarmelade

So wird's gemacht:

Butter, Zucker, Gewürze und Eidotter werden schaumig gerührt, dann wird Mehl dazugegeben und zu einem glatten Mürbteig gerührt, der dann eine Stunde rastet.

Der Teig wird drei Millimeter dick ausgerollt, dann werden ca. 5 Zentimeter runde Scheiben ausgestochen. In die Hälfte der Scheiben wird mittig ein Loch gestochen. Bei 200 Grad backen die Linzer Augen ca. zehn Minuten hell aus.

Die glatten Scheiben werden mit Marmelade bestrichen, die gelochten Scheiben mit Puderzucker bestäubt und dann zusammengesetzt.

Stollenbacken mit Hindernissen

In dem Hause ist heute große Aufregung, denn es sollen die Stollen, der Festkuchen, gebacken werden. Die gute Mutter hat alle Hände voll zu tun mit Heranschaffen der einzelnen Bestandteile, mit Anordnen und Ruhe gebieten, eine schwere Aufgabe, da die Kinder heute noch mehr außer Rand und Band sind als sonst.

Endlich bringt Paula die große Mulde, in welcher der Teig für die Stollen angerührt werden soll; das große Werk kann beginnen. Rings umher stehen die Kinder zuzuschauen. Das Mehl wird eingeschüttet, Milch dazu, Butter, so dass ein Brei entsteht, den Paula emsig mit ihren kräftigen Händen drückt und knetet. Fritzchen bemerkt auf dem danebenstehenden Tisch die Schale mit Streuzucker, ihn treibt das Gelüst zu prüfen, wie es schmecke. So reckt der Taugenichts sich in die Höhe, um mit dem nassen Finger einzutippen, verliert aber das Gleichgewicht, stößt gegen die Schale, welche vom Tische fliegt und ihren ganzen Inhalt über den Fußboden verstreut. Fritz kriegt Schläge, und Paula muss neuen Zucker vom Kaufmann holen.

Mittlerweile ist es den beiden älteren Kindern, Otto und Hedwig, langweilig geworden, so tatenlos dazustehen; wenn was Neues kommt, sind sie ja früh genug da, in der Zwischenzeit spielen sie Ball, necken und jagen sich. Die Mama hat anderes zu tun, als sich nach ihnen groß umzuschauen. Als nun Paula wieder frisch beim Kneten ist, fliegt plötzlich ein schwarzer Gegenstand an die Wand, prallt ab und springt mitten in den Teig, den Paula gerade hoch aufgeworfen hat, und versinkt in ihm. Lautlose Stille!

Endlich ruft Mama: »Was ist denn das?«

Hedwig sagt leise: »Otto hat den Schuh an die Wand geworfen; er wollte sehen, ob er ihn als Ball fangen könnte!«

»Ja, da ist er falsch abgesprungen!« meint Otto.

»Ach, diese Kinder!« ruft Mama erbittert. »Wartet, ihr bekommt eure Strafe noch! Nun aber raus mit euch, und dass ihr euch hier nicht wieder blicken lasst.«

Die Kinder ziehen ab.

Nachdem der unselige Schuh aus dem Teig herausgegraben war, zeigt es sich, dass Otto sich gerade einen recht schmutzigen ausgesucht hatte. Mit tiefem Seufzer muss Mama einen großen Teil des bald fertigen Teiges opfern und die Arbeit von neuem beginnen.

»Mach schnell, Paula! Hol aus der Küche noch die Milch zum Zugießen!« Paula eilt hinaus, kommt aber sofort bestürzt zurück.

»Die Katze ist bei der Milch gewesen; ich fand sie eben mit dem Kopf tief im Topf!« schreit sie.

»Da hört aber alles auf!« ruft Mama. »Was nun? Unsere letzte Milch! Versuche, neue Milch zu erhalten. Aber schnell!«

Paula läuft mit dem Topf über die Straße, von einer Milchhandlung in die andere; alle sind heute ausverkauft, da in allen Haushalten mehr Milch gebraucht wird. Endlich erwischt sie irgendwo noch einige Reste und eilt damit heim. Ehe die Milch aufgekocht ist, vergeht Zeit, während dessen die Hausfrau schier in Verzweiflung geraten will, denn sie fürchtet, der Teig wird nicht mehr recht aufgehen. Und ein lockerer, schöner Stollen ist doch der Stolz der Hausfrau.

»Ich backe nie wieder Stollen«, versichert sie, indem der Backtrog mit dem Inhalt am warmen Ofen, sorgsam zugedeckt, hingestellt wird. »Mag ein anderer den heillosen Ärger durchmachen; ich nicht.«

Als Paula am nächsten Mittag den so oft arg gefährdeten Stollen vom Bäcker über die Straße heimträgt, freut sie sich über das trotzdem herrlich gelungene Werk. Ich ahne sogar, dass niemals den Kindern ein Festkuchen so prächtig geschmeckt hat wie der diesjährige. Ob Mama auch zufrieden war? Ob sie später wieder selbst gebacken hat?

VERFASSER UNBEKANNT
ca. 1900 geschrieben

Der Honigkuchenmann

Ein Kerl mit vielen Namen

Der Stutenkerl ist ein typisches Adventsgebäck in Form eines Mannes aus Hefeteig; die Figur geht auf den Nikolaus zurück. Ein Stutenkerl besteht meist aus gesüßtem Hefeteig (Stuten). Oft wird er mit Rosinen für das Gesicht und die Knopfleiste verziert. Manchmal wird er auch noch mit Zucker bestäubt und bekommt eine Tonpfeife eingesteckt. Im westlichen Ruhrgebiet und im Rheinland wird der Stutenkerl bereits zu St. Martin (11. November) gegessen.

Für den Stutenkerl gibt es für ihn im deutschsprachigen Raum die verschiedensten Namen: *Stutenkerl* oder *-männchen* wird er in Niedersachsen, Mecklenburg und in Westfalen genannt. In Ost-Westfalen-Lippe heißt er auch *Kiepenkerl*, eventuell auch *Klaaskerl* oder *Backsmann*. *Stutenmann* ist sein Name im Bergischen Land. Im westlichen Ruhrgebiet hört er auf den Namen *Puhmann*. *Weckmann*, auch *Weckemann* oder *-männchen* nennt man ihn in Teilen Südwestdeutschlands. In Hessen, vor allem im Rheingau wird er auch

Weggbopp genannt, was Brötchenpuppe bedeutet. Im nordbadisch-pfälzisch-südhessischen Raum heißt er *Dambedei* oder *Hefekerl*, in anderen Teilen Süddeutschlands *Klausenmann*. In der Schweiz heißt dieses Gebäck *Grittibänz* oder nur *Teigmännli*, in Basel sagt man *Grättimaa*, im Thurgau *Elggermaa* und in der Gegend um Breisach ist er der *Baselmann*. In Luxemburg heißt er *Boxemännchen*. Im Elsass wird er *Manala* oder *Männele*, in Franche-Comté und in Lothringen wird er *Jean Bonhomme* genannt.

Der Stutenkerl

Hier stellen wir den in Westfalen beheimateten Stutenkerl vor, der zum Nikolaustag den Kindern auf den bunten Gebäckteller gelegt oder neben den nachts gefüllten Stiefel vor die Zimmertür gestellt wird.

Zutaten:
350 Gramm gesiebtes Mehl
125 Gramm Butter in Stücken
100 Gramm Zucker
1 Päckchen Vanillezucker oder
1 abgeriebene Zitronenschale
1 Esslöffel Rum oder Arrak
Korinthen zum Verzieren

So wird's gemacht:
Man kann den Stutenkerl aus einem einfachen Hefeteig formen, wobei Korinthen und auch halbe abgezogene Mandeln Augen und Knöpfe bilden. Meist steckt man dem Stutenkerl noch eine weiße Tonpfeife in den Mund, die auf dem Körper aufliegt und so in den Hefeteig mit hineingebacken wird. Man kann den Stutenkerl auch aus Mürbeteig machen, muss ihn dann allerdings im Profil aus dem Teig herausschneiden, denn Mürbeteig lässt sich nicht wie Hefeteig formen. Das Gebilde kräftig goldgelb backen.

Vom Honigkuchenmann

Keine Puppe will ich haben –
Puppen gehn mich gar nichts an.
Was erfreun mich kann und laben,
ist ein Honigkuchenmann,
so ein Mann mit Leib und Kleid
durch und durch von Süßigkeit.

Stattlicher als eine Puppe
sieht ein Honigkerl mich an,
eine ganze Puppengruppe
mich nicht so erfreuen kann.
Aber seh' ich recht dich an,
dauerst du mich, lieber Mann.

Denn du bist zum Tod erkoren –
bin ich dir auch noch so gut,
ob du hast ein Bein verloren,
ob das andre weh dir tut:
Armer Honigkuchenmann,
hilft dir nichts, du musst doch dran!

HEINRICH HOFFMANN VON FALLERSLEBEN

Weihnachten in der Speisekammer

Unter der Türschwelle war ein kleines Loch. Dahinter saß die Maus Kiek und wartete, sie wartete bis der Hausherr die Stiefel aus- und die Uhr aufgezogen hatte; sie wartete, bis die Mutter ihr Schlüsselkörbchen auf den Nachttisch gestellt und die schlafenden Kinder noch einmal zugedeckt hatte; sie wartete auch noch, als alles dunkel war und tiefe Stille im Hause herrschte. Dann ging sie.

Bald wurde es in der Speisekammer lebendig. Kiek hatte die ganz Mäusefamilie benachrichtigt. Da kam Miek die Mäusemutter mit den fünf Kleinen, und Onkel Grisegrau und Tante Fellchen stellten sich auch ein.

»Frauchen, hier ist etwas Weiches, Süßes«, sagte Kiek leise vom obersten Brett herunter zu Miek, »das ist etwas für die Kinder«, und er teilte von den Mohnpielen aus.

»Komm hierher Grisegrau«, piepste Fellchen, und guckte hinter der Mehltonne vor, »hier gibt's Gänsebraten, vorzüglich, sag ich dir, die reine Hafermast; wie Nuss knuspert sich's.«

Grisegrau aber saß in der neuen Kiste in der Ecke, knabberte am Pfefferkuchen und ließ sich nicht stören. Die Mäusekinder balgten sich im Sandkasten und kriegten Mohnpielen.

»Papa«, sagte das größte, »meine Zähne sind schon scharf genug, ich möchte lieber knabbern, knabbern hört sich so hübsch an.«

»Ja, ja, wir wollen auch lieber knabbern«, sagte alle Mäusekinder, »Mohnpielen sind uns zu matschig«, und bald hörte man sie am Gänsebraten und am Pfefferkuchen.

»Verderbt euch nicht den Magen«, rief Fellchen, die Angst hatte, selber nicht

genug zu kriegen, »an einem verdorbenen Magen kann man sterben.«

Die kleinen Mäuse sahen ihre Tante erschrocken an; sterben wollten sie ganz und gar nicht, das musste schrecklich sein. Vater Kiek beruhigte sie und erzählte ihnen von Gottlieb und Lenchen, die drinnen in ihren Betten lägen und ein hölzernes Pferdchen und eine Puppe im Arm hätten; und dass in der großen Stube ein mächtiger Baum ständе mit Lichtern und buntem Flimmerstaat, und dass es in der ganzen Wohnung herrlich nach frischem Kuchen röche, der aber im Glasschrank stände, und an den man nicht heran könnte.

»Ach«, sagte Fellchen, »erzähle nicht so viel, lass die Kinder lieber essen.«

Die aber lachten die Tante mit dem dicken Bauch aus und wollten noch viel mehr wissen, mehr als der gute Kiek selbst wusste. Zuletzt bestanden sie darauf, auch einen Weihnachtsbaum zu haben, und die zärtlichen Mäuseeltern liefen wirklich in die Küche und zerrten einen Ast herbei, der von dem großen Tannenbaum abgeschnitten war. Das gab einen Hauptspaß. Die Mäusekinder quiekten vor Entzücken und fingen an, an dem grünen Tannenholz zu knabbern; das schmeckte aber abscheulich nach Terpentin, und sie ließen es sein und kletterten lieber in dem Ast umher.

Schließlich machten sie die ganze Speisekammer zu ihrem Spielplatz. Sie huschten hierhin und dorthin, machten Männchen, lugten neugierig über die Bretter in alle Winkel hinein und spielten Versteck hinter den Gemüsebüchsen und Einmachtöpfen; was sollten sie auch mit dem dummen Weihnachtsbaum, an dem es nichts zu essen gab! Als aber das kleinste ins Pflaumenmus gefallen war und von Mama Miek und Onkel Grisegrau abgeleckt werden musste, wurde ihnen das Umhertollen untersagt, und sie mussten wieder artig am Pfefferkuchen knabbern.

Am andern Morgen fand die alte Köchin kopfschüttelnd den Tannenast in der Speisekammer und viele Krümel und noch etwas, was nicht gerade in die Speisekammer gehört, ihr werdet euch schon denken können was! Als Gottlieb und Lenchen in die Küche kamen, um der alten Marie guten Morgen zu wünschen, zeigte sie ihnen die Bescherung und meinte: »Die haben auch tüchtig Weihnachten gefeiert.«

Die Kinder aber tuschelten und lachten und holten einen Blumentopf. Sie pflanzten den Ast hinein und bekränzten ihn mit Zuckerwerk, aufgeknackten Nüssen, Honigkuchen und Speckstückchen. Die alte Marie brummte; da aber die Mutter lachend zuguckte, musste sie schon klein beigeben. Sie stellte alles andere sicher und ließ den kleinen Naschtieren nur ihren Weihnachtsbaum.

Die Kinder aber jubelten, als sie am zweiten Feiertage den Mäusebaum geplündert vorfanden und hätten gar zu gern auch ein Dankeschön von dem kleinen Volke gehört.

»Den guten Speck vergesse ich mein Lebtag nicht«, sagte Fellchen, und Grisegrau biss eine mitgebrachte Haselnuss entzwei; Kiek und Miek aber waren besorgt um ihre Kleinen, die hatten zuviel Pfefferkuchen gegessen, und ihr wisst, liebe Kinder, das tut nicht gut!

PAULA DEHMEL

Christabend in den Bergen

Kaum hat am »heiligen Abend« die nachmittägige Vesperglocke ausgeklungen, so ruht jede Arbeit. Kein Axtschlag durchhallt mehr den Wald, kein Drischelschlag die Tenne; das Mühlrad hört auf zu plätschern und das trauliche Surren der Spinnräder in der Essstube verstummt. Wehe der Dirn, die auf der Kunkel noch Flachs oder Werg unabgesponnen hat. Glaubt sie auch nicht mehr, dass dann »die wilde Perchtl drin niste«, so fürchtet sie um so eher, dass sie in diesem Falle keinen Mann bekomme.

Im Hause ist ohnehin schon während des Tages alles in Ordnung und festtäglich hergerichtet worden. Der Stubenboden und die Gänge wurden säuberlich gewaschen, Tische und Bänke blank gescheuert, die Fenster spiegelhell geputzt. Auch das Kupfer- und Zinngeschirr funkelt und glänzt wie eitel Gold und Silber. Im Lavanttale stellt man sonderbarerweise das geputzte Geschirr, Pfannen, Rührkübel, Häfen etc. unter den großen Esstisch und zieht eine eiserne Kette herum, damit die künftige Ernte gut ausfalle und die Bäuerin Glück in der Wirtschaft habe.

Diese derbe »Schafferin« jedes bäuerlichen Gehöftes und vornehmlich der Küche weiß heute vor Arbeit nicht, »wo ihr der Kopf steht«. Schon seit frühem Morgen flammt es und prasselt es auf dem Herde als wie bei einer Hochzeit. Ihr obliegt es, die Unmengen von Schmalzkrapfen und Weihnachtsküchlein zu bereiten und herauszubacken, welche die hungrigen Mägen mittags und später beim nächtlichen Kirchgang befriedigen sollen. Es würde einen eigenen Abschnitt erfordern, wollte ich die verschiedenen Arten dieses älpischen Nationalgebäcks des näheren behandeln. Die äußere Form ist bei allen ziemlich gleich. Das Unterscheidende bildet die »Fülle«. Da gibt es Magen- (Mohn-), Äpfel- und Käsküchel, in der Meraner

Gegend die Nuß- und Köstkrapfen. Besonders letztere, bei denen gestoßene Kösten
(Kastanien) mit Zuckerwasser und Honig
abgerührt als Fülle des »mürben Teiges« verwendet werden, sind äußerst schmackhaft, und ich
begreife, dass der Großknecht und die anderen Hausburschen wie
hungrige Wölfe um den Herd herumstehen und sich in Erwartung
des baldigen Genusses den Mund ablecken. Haben sie ja heute den
ganzen Tag noch keinen Bissen gegessen, da, wie jeder weiß, der
heilige Abend ein großer Fasttag ist.

Nun tut man sich an diesem Tage insoferne »Abbruch«, als man
bis zum Mittagsmahl nichts zu sich nimmt und kein Fleisch auf
den Tisch kommt. Aber die mittags aufgetragenen Fastenspeisen,
Suppe, Stockfisch und Kraut, oder in Tirol Pfannkuchen, in erster
Linie aber die oben beschriebenen Krapfen werden in so riesigen
Mengen vertilgt, dass nicht umsonst ein Sprüchlein sagt: »Am heiligen Abend muss man drei Gefahren bestehen: am Morgen das Ver-
hungern, am Mittag das ›Derschellen‹ und nachts das ›Derfallen‹«,
letzteres in Hinblick auf den beschwerlichen Gang zur Christmette.

Der Brauch des »Räucherns« ist so eingebürgert, dass er selbst in
der Stadt bei Bürgersfamilien, die, wie man zu sagen pflegt, noch
etwas auf christlichen Sinn halten, fast allgemein geübt wird. Auf
dem Lande geht der Bauer bei eingetretener Dämmerung, begleitet
von sämtlichen Hausgenossen, auch von der Bäuerin, die das Weih-
brunnkrügel trägt, mit der Glutpfanne, in welche Weihrauchkörner und
Teile der »Dreißgenkräuter« geworfen werden, durchs ganze Haus. Alles, jeder Winkel, jede Stubenecke, Stadel, Stall und Tenne wird mit
Rauch und Weihwasser gesegnet und besprengt, ebenso das Vieh, vor
allem aber die Betten der Dirnen und die Türen zu deren Schlafräumen.
Dabei spricht er stets: »Glück ins Haus, Unglück hinaus.«

Auch der Weihnachtszelten, den die Bäuerin seit dem Thomas-
tag, wo er gebacken wurde, in ihrem Kasten in der kühlen Kammer
verwahrt hat, wird mit der Räucherung bedacht. Zum Schluss stellt
sich das ganze Gefolge in einen Kreis um den Hausvater, und es
empfängt noch jedes einzeln seinen »Rauchsegen«.

In der Stube ist dann alles, Bäuerin, Bauer, Knechte und Dirnen, in fröhlichster Stimmung um den großen Esstisch versammelt, wo Pyramiden von Krapfen aufgehäuft sind. Denn nicht überall ist man so genügsam und fromm wie im armen Oberinntal, wo es nur eine Brennsuppe mit Brot und Erdäpfelschnitten absetzt und der Hausvater aus einem Evangelien- oder Legendenbuch erbauliche Geschichten vorliest. Häufig, besonders im lebenslustigen Unterinntal, kommen Burschen aus der Nachbarschaft zusammen, um sich die Zeit bis zum gemeinschaftlichen Gang in die Christmette in gemütlichem Heimgarten oder mit »Nussen auskarten« zu vertreiben. Auch andere abergläubische Gebräuche, die sich auf die Erforschung der Zukunft beziehen, wie Scheiterziehen, Schuhwerfen etc. werden geübt. Beliebt ist besonders das Bleigießen.

Um elf Uhr beginnt das »Schröckläuten«, das die Berg- und Talbewohner zur Mette ruft. Auf ein schönes »Schröckläuten« hält man besonders in Tirol viel, und umsonst hat man dem Messner oder Turmknecht nicht bei seiner Sammlung im ganzen Dorf bis zum höchstgelegenen Einödhof Krapfen in schwerer Menge gegeben und ihn bewirtet. Er braucht auch Kraft, denn in manchen Gegenden, so zum Beispiel in Oberösterreich, wird eine volle Stunde lang geläutet. Dies ist auch das Zeichen zum Aufbruch, wenigstens für die Bewohner der weiter oder höher gelegenen Höfe, von denen der nächtliche Abstieg über die vereisten Stege keine leichte Sache ist. Man versieht sich deshalb mit Stegeisen, unter Umständen wohl auch mit Schneereifen. Bei mondheller Nacht ist der Weg zur Kirche selbst von abseits gelegenen Höfen wohl zu finden. Ist aber nebliges oder trübes Wetter, so muss man »Kenteln« oder »Pucheln«, das sind Bündel aus zusammengebundenem »Kienholz« (harzigem Fichtenholz) mitnehmen.

Zur Christmette geht alles, was nur gehen kann, denn »sonst kommt's und weckt einen auf«. Nur Kranke oder kleine Kinder bleiben zurück, sowie bei großen Höfen, wo viel Gesinde ist, ein starker Knecht, der »gamern«, das heißt das Haus hüten muss und zu sorgen hat, dass die vom Kirchgang Zurückkehrenden Stube und Essen warm finden. Zu letzterem Zweck schürt er einen großen Block in den Ofen, zu ersterem hat er eine Hacke und eine Flinte, die er hie und da zur Abschreckung von Dieben abfeuert. Es wird überhaupt während der heiligen Nacht viel geschossen, an manchen Orten, so in Pongau, sogar mit Böllern.

Dieser nächtliche Kirchgang bei Fackelschein hat etwas ungemein Poetisches, besonders bei engen Gebirgstälern, wo die Häuser ringsum an den Hängen zerstreut liegen, so ihm Ahrntal, Zillertal etc. Schon lang vor Mitternacht wird es bis zu den höchsten Bergkuppen lebendig. Da und dort tauchen die roten Lichter der »Kentelträger« auf und bewegen sich dem Tal zu bald in Wald und Schluchten verschwindend, bald wieder sichtbar.

Nach der Mette sucht man natürlich so rasch als möglich nach Hause zu kommen. Das geht nun allerdings nicht so schnell als der Abstieg, denn die Gehöfte liegen oft eine Stunde über dem Talgrund und das Hinaufwandern bei der grimmigen Kälte über die beeisten Stege ist keine Kleinigkeit. Zu Hause angelangt, schlieft man nicht etwa rasch in die Betten, sondern erquickt sich zuvor weidlich an warmer Fleischsuppe, Würsteln, Knödeln und Wein. Auch Schweinsbraten mit Kraut wird aufgetischt. Ärmere Leute begnügen sich, wie zum Beispiel im Vinschgau, mit Schnaps und den Resten unterschiedlicher Krapfen und schmalziger »Blattelküchel«. Bis fünf Uhr früh dauert oft dieses gemütliche Beisammensein, bis endlich der Hausvater zum Aufbruch mahnt.

LUDWIG VON HÖRMANN

Tischdekorationen

Auf den großen Augenblick der Bescherung folgen noch eine Reihe weiterer festlicher Stunden, vor allem außergewöhnliche Tafelfreuden. Dazu brauchen wir die traditionellen weihnachtlichen Tischdekorationen. Neue Tannenkränze müssen gebunden, mit Bändern geschmückt und mit Kerzen besteckt werden, denn die Adventskränze sind nun ausgedörrt und haben ausgedient.

Apfelleuchter können vorbereitet werden: Dazu werden schöne, große Äpfel oben an der Blüte zum Kerzenhalter ausgehöhlt und jeweils auf drei Stäbe gesteckt, die ihrerseits wieder in (mit Stäben verbundenen) Äpfeln als »Basis« ruhen können. Das sollte aber erst kurz vor Gebrauch unternommen werden, damit die Äpfel nicht vorzeitig faulen und Kerze und Stäbe festsitzen.

Dörrpflaumenmänner sind ein beliebter, lustiger Tafelschmuck, den man zum Schluss als Nachtisch verzehren kann. Kopf, Körper, Arme und Beine werden aus den schwarzen Pflaumen mit Zahnstochern zusammengesteckt, Rosinen als Knöpfe und Augen darauf gesteckt und die Hüte aus getrockneten Aprikosen oder Apfelringen verwegen übergestülpt.

Ein lustiger Räuchermann sollte bereitstehen, der einen Bergmann, einen Vogelhändler oder einen Nachtwächter darstellt, mit weihrauchduftenden Räucherkerzchen dazu, damit er nach Tisch mit uns um die Wette paffen kann. Dazu vielleicht ein schöner Nussknacker, in schmucker Husarenuniform, wie er in der Volkskunst traditionell ist.

Damit draußen im Garten oder auf dem Balkon unsere gefiederten Freunde mitfeiern können, bereiten wir einen Vogelweihnachtsbaum vor. Nach altem Brauch besteht er aus einer dicken, körnerschweren Getreidegarbe, die auf einer Astgabel im Garten aufgestellt wird, und die noch mit Kugeln aus Sonnenblumenkernen und gefüllten Mohnkapseln behängt wird.

Das Weihnachtsfestessen

Der weihnachtliche Schmaus im Kreise der Familie war schon zu Urgroßelterns Zeiten einer der Höhepunkte des Weihnachtsfestes. Weihnachten ist somit nicht nur ein Fest des Friedens, sondern sollte im Kreise der Lieben auch ein Fest für den Gaumen werden.

In den verschiedenen Gegenden ist das Weihnachtsfestessen mehr oder weniger zur Tradition geworden: Karpfen, Gans mit verschiedenen Füllungen, Truthahn und Fasan sind die beliebtesten Speisen. In der Mark Brandenburg sagt ein Sprichwort: Wer Weihnachten nicht tüchtig Grünkohl isst, bleibt dumm. Dasselbe sagt man in Schwaben von den gelben Rüben, in Sachsen vom Heringssalat.

Den Kindern wurde am Weihnachtsabend nicht vorgelegt, sondern sie durften sich soviel nehmen, wie sie wollten. Die alten Germanen verschmausten zum Julfest einen Eber, und auch heute noch kommt in manchen Gegenden ein schön mit Rosmarin geschmückter Schweinskopf und Lungenwurst auf den Weihnachtstisch. In der Steiermark isst man eine Nuss- oder Mohnpotize, in Schlesien Hefeklöße mit Backobst (*Himmelreich* genannt) oder Mohnklöße oder Würste mit Sauerkohl. Der schlesische Müller warf dem Wassermann Speisen in den Bach. Im Pinzgau bringt die Bäuerin den Rest der Heiligabend-Mahlzeit in den Obstgarten und sagt: *Bam, esst's!* Und in Tirol stellt man gar der Mutter Gottes und ihrem Kind eine Schüssel Milch ans Fenster und legt zwei Löffel dazu.

Die wohlgeratene Weihnachtsgans

mit vier verschiedenen Füllungen

Die Erkennungsmerkmale einer jungen Gans oder Ente: blass-
gelber Schnabel, blasse, sehr weiche Füße, weißer Ring um die
Pupille des Auges. Alte Gans oder Ente: kräftig getönter Schnabel,
dunkle harte Füße, Ring um die Pupille blau oder gelb.

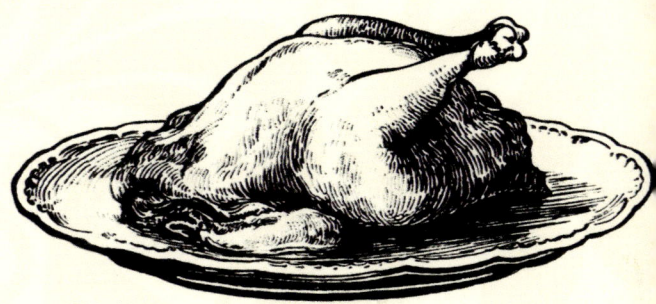

So wird's gemacht:
Zum Ausnehmen der Gans von
unten vorsichtig das Bauch-
fett, dann mit dem Magen
das ganze Eingeweide ent-
fernen; Hals aufschneiden,
Gurgel herausziehen. Die Haut am Hals
etwas zum Körper schieben, damit man später ohne Schwierigkeit
zunähen kann, Hals abschneiden. Untere Flügel und Füße im Ge-
lenk brechen und abschneiden.

Kopf, Hals, Herz und der von der harten Innenhaut befreite Magen
werden zu Gänseklein oder Gansjung verwendet. Zarte Federchen
über offener Flamme abflämmen, Stoppeln mit Pinzette herausziehen. Unter fließendem Wasser außen und innen sauber waschen.
Auf jeden Fall zuerst innen mit Salz und Pfeffer einreiben, dann
füllen. Zunähen, ins Bratrohr schieben.

Die Weihnachtsgans wie auch die Kirchweihgans – im Gegensatz
zur Sommergans – sind recht fette Braten, also wird kein Fett zugefügt, sondern ausschließlich in Wasser gebraten. Fertig hergerichtet
legt man sie zunächst mit der Brust nach unten in eine Bratreine,
übergießt sie mit 1 Liter kochendem Wasser und brät sie bei mildem
Feuer unter ständigem Begießen goldbraun. Nach einer Stunde wird
sie umgedreht.

Fett abschöpfen (ist später mit Salz ein köstlicher Brotaufstrich,
auch für Gemüse und Bratensaucen hervorragend geeignet). Brat-
zeit zwei bis drei Stunden. Am Schluss wird die Gans bei stärke-
rem Feuer mit kaltem Wasser bespritzt und noch einmal kurz im

Rohr gelassen, das macht die Haut schön knusprig. Sauce entfetten, Bratensatz ablösen, etwas Mondamin mit Wasser verrühren, zu der kochenden Sauce geben, durchsieben, abschmecken, noch einmal aufkochen lassen.

Verschiedene Füllungen für die Gans

Mecklenburgische Füllung
750 Gramm säuerliche Äpfel schälen, entkernen und in dicke Stücke schneiden, 500 Gramm Backpflaumen entkernen, etwa 100 Gramm geriebenes Schwarzbrot nach eigenem Belieben mit Zucker mischen, einfüllen. Dazu Grünkohl, den man mit etwas durchwachsenem Räucherspeck gedünstet hat, und Salzkartoffeln.

Hessische Füllung
250 bis 375 Gramm mageres Schweinefleisch, 250 bis 375 Gramm Ochsenfleisch, je nach Größe der Gans, den Gänsemagen, von der harten Haut befreit und etwas weich gekocht, die Gänseleber (Galle vorsichtig entfernen, dass sie nicht ausläuft), Gänsenierchen, Herz und Lunge. 1 bis 2 Zwiebeln, 3 bis 4 alte Semmeln in Milch geweicht. Alles dies zweimal durch den Fleischwolf drehen, dann gründlich daruntermischen: 3 bis 5 Eier, reichlich feingewiegte Petersilie, Salz, Pfeffer, Paprika, Thymian, Majoran oder Beifuß, Muskat, Zitronenmelisse. Kräftig abschmecken, Vorsicht bei den stark würzenden Kräutern.

Die Gans, wenn fertig gebraten, tranchieren, Fülle herausnehmen, aufschneiden und neben die tranchierte Gans auf eine sehr heiße Platte legen. Dazu werden Rotkraut mit Äpfeln und Salzkartoffeln oder Thüringer Klöße serviert.

Bayerische Füllung

Einen Hefeteig bereiten, je nach Größe der Gans aus etwa 500 Gramm durchgesiebtem Mehl, 15 bis 20 Gramm Hefe, 1/4 Liter lauwarmer Milch, 1 bis 2 fein gewiegten Zwiebeln, 1/2 abgeriebener Zitronenschale, 2 Teelöffeln Zucker, 1 Teelöffel Salz, ein wenig Muskat, Liebstöckl und Majoran. Einen rundlichen Brotlaib formen, in die Gans legen. Der Hefeteig wird noch aufgehen. Fülle in schöne Scheiben schneiden, neben der tranchierten Gans servieren. Dazu Krautsalat und rohe Kartoffelknödel. Reste der Fülle in der Pfanne aufbraten.

Österreichische Füllung

800 Gramm nicht zu herbe Äpfel schälen, achteln und entkernen, 1 mittlere Zwiebel sehr fein wiegen, in etwas Gänse- oder Schweineschmalz goldgelb rösten, dann mit den Äpfeln zusammen zugedeckt sanft dünsten. Die Innereien der Gans, Herz, Nierchen und Lunge hacken und zu den Äpfeln geben, weiter dünsten lassen. 2 alte Semmeln, in Milch geweicht und ausgedrückt, werden mit einer Scheibe durchwachsenem Räucherspeck durch den Fleischwolf gedreht. Apfeltopf vom Feuer nehmen, Semmelmasse unterrühren. Abschmecken, eventuell die Apfelsäure mit einer wenig Zucker mildern. 500 Gramm Maronen (Esskastanien) schälen, überbrühen und Haut abziehen, getrennt halbweich kochen. Unter die heiße Apfelmasse geben, einfüllen, zunähen.

Dazu passen Kartoffelkroketten und grobgeschnittener Endiviensalat.

Weihnachtskarpfen

Zutaten:
1 großer Karpfen
250 Gramm Champignons
100 Gramm Räucherspeck
90 Gramm Butter
2 große Kartoffeln
1 Bund Petersilie

So wird's gemacht:
Den Karpfen putzen, unter fließendem kalten Wasser waschen, abtrocknen und innen und außen salzen und pfeffern. Speck in Streifen schneiden und den Fisch damit spicken.

Kartoffeln schälen und unzerteilt in den Bauch des Karpfens geben. Diesen mit dem Bauch nach unten in eine Bratpfanne legen und mit 60 Gramm zerlassener Butter übergießen.

Den Fisch im vorgeheizten Rohr bei mittlerer Hitze ca. 40 Minuten braten.

Champignons putzen, waschen und, falls sie sehr groß sind, in Stücke schneiden. Tomaten in Scheiben schneiden und mit den Pilzen in 30 Gramm Butter 5 Minuten dünsten.

Den Karpfen mit Petersiliensträußchen garnieren und mit Tomaten, Pilzen, Salz- oder Schwenkkartoffeln und Salaten anrichten.

Pikanter Heringssalat

Heringssalat ist sehr beliebt als magenstärkendes Essen am Heiligen Abend oder als Kateressen, mancherorts auch zu Silvester.

Zutaten:

3 gut gewässerte, von Haut und Gräten befreite Heringe
400 Gramm Bratenreste (am feinsten vom Kalb)
200 Gramm Schlackwurst, aus der Haut gelöst
750 Gramm gekochte längliche Salatkartoffeln
4 Äpfel, geschält und entkernt,
4 ungeschälte Salzgurken

So wird's gemacht:
Alles wird in 3 Zentimeter lange schmale Streifen geschnitten. Dazu kommen ein Achtel Olivenöl, Weinessig, etwas weißer Pfeffer, Salz, Zucker, scharfer französischer Senf, entfettete Bouillon, Buttermilch.

   Zum Verzieren: hartgekochte Eier in Achteln und Radieschen. Dazu reicht man trockene Weiß- und Schwarzbrotscheiben.

Das Wunder
der Krippe

Die Weihnachtskrippe

Die Entstehung der Krippe

Im Lukasevangelium wird erzählt, dass Maria ihren Sohn in Windeln wickelte und in eine Vertiefung im Stallboden legte, aus der die Tiere ihr Futter fraßen.

Das deutsche Wort Krippe geht wahrscheinlich auf die indogermanische Sprachwurzel »ger« zurück, die so viel bedeutet wie krümmen, winden und flechten. In seinem Wortsinn hängt es also mit Flechtwerk zusammen. Futterkrippen waren lange Zeit geflochtene Behälter.

Eine Weihnachtskrippe stellt die mit der Geburt Christi verbundenen Ereignisse dar, indem in einem dreidimensionalen Raum die Figuren so verteilt werden, dass sie dem Betrachter die Weihnachtsbotschaft vor Augen führt.

Die Idee zu einer der ersten Weihnachtskrippe hatte der Heilige Franziskus von Assisi. Er hielt bereits im Jahre 1223 in Greccio in Italien am 25. Dezember eine Krippenfeier mit lebenden Tieren ab. In eine echte Futterkrippe ließ Franziskus ein aus Wachs geformtes Jesuskind legen. Einige seiner Brüder stellten die Hirten dar. Maria und Josef wurden bei dieser ersten Krippe noch nicht dargestellt.

Zu dieser Mitternachtsmette in einem Wald bei Greccio lud Franziskus von Assisi viele Menschen der Umgebung ein. Mit dieser Mitternachtsmette hat er eine Tradition gestiftet, die sich bis heute erhalten hat. Daher wird er auch oft als der Vater des Krippenbaus bezeichnet.

Doch da nicht alle Kirchen, Klöster und Gläubigen eine reale Krippe verwirklichen konnten, wurden die lebenden Figuren durch geschnitzte Figuren ersetzt.

Die Heimat der Krippen blieb zunächst Italien. Ihre Verbreitung in ganz Europa fand die Weihnachtskrippe seit dem sechzehnten Jahrhundert durch die Jesuiten.

Während die Krippen zunächst ausschließlich eine Angelegenheit der Kirche waren, wurden sie im Laufe der Zeit auch immer mehr in Privathäusern aufgestellt. Auf ihrem Weg über die Wohnsitze der Könige, Fürsten und des Adels fand die Krippe schließlich auch Einzug in die Bauern- und Bürgerhäuser.

Ihre Blütezeit hatte die Krippe im achtzehnten Jahrhundert. Im Zeitalter der Aufklärung jedoch wurden öffentliche Krippendarstellungen verboten, da sich einige Herrscher durch diesen Brauch beleidigt fühlten. Doch durch diese Verbote wurde das Krippenwesen nur noch stärker in der Volkskunst verankert, und die Menschen begannen ihre eigenen Krippen zu bauen.

Heutzutage wird die Krippe meistens wenige Tage vor dem Weihnachtsfest aufgestellt. Früher geschah dies schon zu Beginn der Adventszeit, und nach und nachkamen immer mehr Figuren hinzu, bis schließlich am Heiligen Abend das Christuskind hineingelegt wurde.

Früher wurden die Krippen erst am 20. Januar wieder abgebaut, heute aber geschieht das meistens kurz nach dem 6. Januar, dem Fest der Heiligen Drei Könige.

Der Aufbau der Weihnachtskrippe

Der Aufbau der Weihnachtskrippe kann, wenn man am Ersten Adventssonntag schon damit beginnt, Tag für Tag den ganzen Dezember seinen Fortgang nehmen. Damit die wilde Berglandschaft, in die wir unsere Krippenfiguren hineinstellen, natürlich und lebendig wirkt, bringen wir von unseren Dezemberspaziergängen Moose und Flechten, Zweige und Wurzeln, Rindenstücke, Zapfen und hübsche Steine mit. Damit erreichen wir auch, dass wir mit den gleichen Figuren doch jedes Jahr ein abwechslungsreiches Bild stellen.

Noch ein Tipp für die technischen Bastler: Lichtanlagen und mechanische Werke, die eine Glocke zum Klingen bringen, einen Brunnen in Tätigkeit oder sogar einen Zug der Figuren auf dem laufenden Band in Bewegung setzen, sind raffiniertere Möglichkeiten der Ausstattung unserer Krippe. Aber es geht auch ohne solchen Aufwand.

Krippenlieder und -gedichte

Hirtenlied

Josef:
Und weil's denn anders nicht kann sein
Nimm ich ein Ochs und Eselein,
's Gebirg ist hoch, ich weiß es eh'
Und hat gwiß Eis und Schnee.

Maria:
Und wenn's Gebirg noch höher wär',
So helfet mir mein Gott und Herr,
Die Kälten ich leicht überwindt,
Weil's Herz vor Liebe brinnt.

AUS BRIXEGG IN TIROL

Weihnachtslied

Vom Himmel in die tiefsten Klüfte
Ein milder Stern herniederlacht;
Vom Tannenwalde steigen Düfte
Und hauchen durch die Winterlüfte,
Und kerzenhelle wird die Nacht.

Mir ist das Herz so froh erschrocken,
Das ist die liebe Weihnachtszeit!
Ich höre fernher Kirchenglocken
Mich lieblich heimatlich verlocken
In märchenstille Herrlichkeit.

Ein frommer Zauber hält mich wieder,
Anbetend, staunend muss ich stehn;
Es sinkt auf meine Augenlieder
Ein goldner Kindertraum hernieder,
Ich fühl's, ein Wunder ist geschehn.

THEODOR STORM

O liebe Leut, lasst euch sagen

O liebe Leut, lasst euch sagen,
der Hammer, der hat zwölf geschlagen;
merkt auf, was ich euch jetzt verkünd:
Es ist geboren ein kleines Kind,
welches Messias wird genannt
und all' erlöst von Teufels Band.
Die Altväter hat Gott erhört,
der Himmelstau fiel heut' auf die Erd';
seht, Gottes Sohn vom Himmelreich
liegt hier als Gott und Mensch zugleich.
Betet an und fallet nieder hier
und danket Gott aus Lieb' dafür!
Gelobt sei Gott, Maria fein,
samt neugebornem Jesulein!
Bereut die Sünd', ach tuet Buß:
Gelobet sei Jesus Christus! –
Hat zwölf geschlagen! –

STEIRISCHES
NACHTWÄCHTERLIED

Die heilige Nacht

Gesegnet sei die heilige Nacht,
Die uns das Licht der Welt gebracht! –

Wohl unterm lieben Himmelszelt
Die Hirten lagen auf dem Feld.

Ein Engel Gottes, licht und klar,
Mit seinem Gruß tritt auf sie dar.

Vor Angst sie decken ihr Angesicht,
Da spricht der Engel: »Fürcht't euch nicht!

Ich verkünd euch große Freud:
Der Heiland ist euch geboren heut.«

Da gehen die Hirten hin in Eil,
Zu schaun mit Augen das ewig Heil;

Zu singen dem süßen Gast Willkomm,
Zu bringen ihm ein Lämmlein fromm. –

Bald kommen auch gezogen fern
Die heilgen drei König' mit ihrem Stern.

Sie knieen vor dem Kindlein hold,
Schenken ihm Myrrhen, Weihrauch, Gold.

Vom Himmel hoch der Engel Heer
Frohlocket: »Gott in der Höh sei Ehr!«

EDUARD MÖRIKE

Kaschubisches Weihnachtslied

Wärst du, Kindchen, im Kaschubenlande,
Wärst du, Kindchen, doch bei uns geboren!
Sieh, du hättest nicht auf Heu gelegen,
Wärst auf Daunen weich gebettet worden.

Nimmer wärst du in den Stall gekommen,
Dicht am Ofen stünde warm dein Bettchen,
Der Herr Pfarrer käme selbst gelaufen,
Dich und deine Mutter zu verehren.

Kindchen, wie wir dich gekleidet hätten!
Müsstest eine Schaffellmütze tragen,
Blauen Mantel von kaschubischem Tuche,
Pelzgefüttert und mit Bänderschleifen.

Hätten dir den eignen Gurt gegeben,
Rote Schuhchen für die kleinen Füße,
Fest und blank mit Nägelchen beschlagen!
Kindchen, wie wir dich gekleidet hätten!

Kindchen, wie wir dich gefüttert hätten!
Früh am Morgen weißes Brot mit Honig,
Frische Butter, wunderweiches Schmorfleisch,
Mittags Gerstengrütze, gelbe Tunke,

Gänsefleisch und Kuttelfleck mit Ingwer,
Fette Wurst und goldnen Eierkuchen,
Krug um Krug das starke Bier aus Putzig!
Kindchen, wie wir dich gefüttert hätten!

Und wie wir das Herz dir schenken wollten!
Sieh, wir wären alle fromm geworden,
Alle Kniee würden sich dir beugen,
Alle Füße Himmelswege gehen.

Niemals würde eine Scheune brennen,
Sonntags nie ein trunkner Schädel bluten, –
Wärst du, Kindchen, im Kaschubenlande,
Wärst du, Kindchen, doch bei uns geboren!

WERNER BERGENGRUEN

Der Heilige Abend

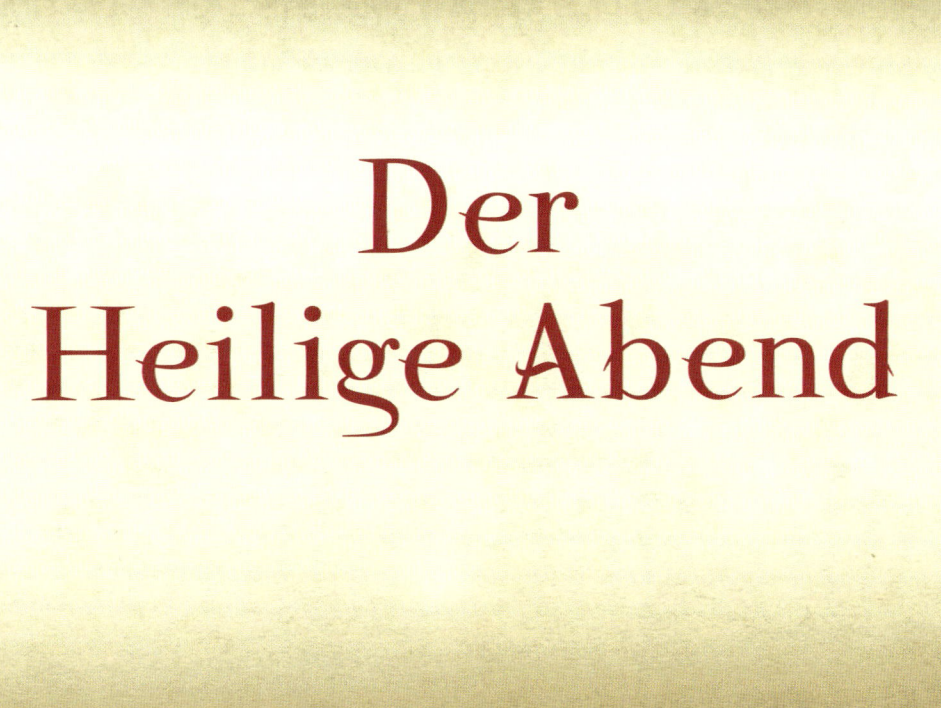

Die Weihnachtsgeschichte

In jener Zeit befahl der Kaiser Augustus, dass alle Bewohner des römischen Reiches namentlich in Listen erfasst werden sollten. Eine solche Volkszählung hatte es noch nie gegeben. Sie wurde durchgeführt, als Quirinius Gouverneur in Syrien war.

Jeder musste in die Stadt gehen, aus der er stammte, um sich dort eintragen zu lassen. Weil Joseph ein Nachkomme Davids war, der in Bethlehem geboren wurde, reiste er von Nazareth in Galiläa nach Bethlehem in Judäa. Joseph musste sich dort einschreiben lassen, zusammen mit seiner jungen Frau Maria, die ein Kind erwartete.

Als sie in Bethlehem waren, brachte Maria ihr erstes Kind – einen Sohn – zur Welt. Sie wickelte ihn in Windeln und legte ihn in eine Futterkrippe im Stall, weil sie in dem Gasthaus keinen Platz bekommen hatten.

In dieser Nacht bewachten draußen auf dem Feld einige Hirten ihre Herden. Plötzlich trat ein Engel Gottes zu ihnen, und Gottes Licht umstrahlte sie. Die Hirten erschraken sehr, aber der Engel sagte: »Fürchtet euch nicht! Ich bringe euch die größte Freude für alle Menschen: Heute ist für euch in der Stadt, in der schon David geboren wurde, der lang ersehnte Retter zur Welt gekommen. Es ist Christus, der Herr. Und daran werdet ihr ihn erkennen: Das Kind liegt, in Windeln gewickelt, in einer Futterkrippe!«

Auf einmal waren sie von unzähligen Engeln umgeben, die Gott lobten: »Gott im Himmel gehört alle Ehre; denn er hat den Frieden auf die Erde gebracht für alle, die bereit sind, seinen Frieden anzunehmen.«

Nachdem die Engel sie verlassen hatten, beschlossen die Hirten: »Kommt, wir gehen nach Bethlehem. Wir wollen sehen, was dort geschehen ist und wovon Gottes Engel gesprochen hat.« Sie machten sich sofort auf den Weg und fanden Maria und Joseph und das Kind, das in der Futterkrippe lag.

Als sie das Kind sahen, erzählten die Hirten, was ihnen der Engel gesagt hatte. Und alle, die ihren Bericht hörten, waren darüber sehr erstaunt. Maria aber merkte sich jedes Wort und dachte immer wieder darüber nach. Dann kehrten die Hirten zu ihren Herden zurück. Sie lobten und dankten Gott für das, was sie in dieser Nacht erlebt hatten. Alles war genau so, wie der Engel es ihnen gesagt hatte.

DIE BIBEL, EVANGELIUM NACH LUKAS 2, 1-20

In der Christnacht

In unserer Stube, an der mit grauem Lehm übertünchten Ofenmauer, stand jahraus, jahrein ein Schemel aus Eichenholz. Er war immer glatt und rein gescheuert, denn er wurde, wie die anderen Stubengeräte, jeden Samstag mit feinem Bachsand und einem Strohwisch abgerieben. In der Zeit des Frühlings, des Sommers und des Herbstes stand dieser Schemel leer und einsam in seinem Winkel, nur an jedem Tag zur Abendzeit zog ihn die Ahne etwas weiter hervor, kniete auf denselben hin und verrichtete ihr Abendgebet. Auch an den Samstagen, wenn der Vater am Tisch die Feierabendandacht vorbetete, kniete die Ahne auf dem Schemel.

Als aber der Spätherbst kam mit den langen Abenden, an welchen die Knechte in der Stube aus Kienscheiten Leuchtspäne schnitzten und die Mägde sowie auch meine Mutter und die Ahne Wolle und Flachs spannen, und als die Adventzeit kam, in welcher an solchen Span- und Spinnabenden alte Märchen erzählt und geistliche Lieder gesungen wurden, da saß ich beständig auf dem Schemel am Ofen.

Ich hörte von da aus den Geschichten und Gesängen zu, und wenn solche schauerlich wurden und sich meine kleine Seele aufzuregen und zu fürchten begann, rückte ich den Schemel näher zu der Mutter und begann mich ängstlich an ihr Kleid zu halten, und ich konnte gar nicht mehr begreifen, wie die anderen über mich oder über ihre schrecklichen Geschichten noch zu lachen vermochten. Zuletzt, als es zum Schlafengehen kam und mir die Mutter mein Ladbettchen hervorzog, wollte ich schon gar nicht mehr allein in das Bett gehen, und es musste die Ahne neben mir liegen, bis die fürchterlichen Bilder in mir vergingen und ich endlich einschlief.

Aber die langen Adventnächte waren bei uns immer sehr kurz. Bald nach zwei Uhr begann es im Hause unruhig zu werden. Oben auf dem Dachboden hörte man die Knechte, wie sie sich ankleideten und umhergingen, und in der Küche brachen die Mägde Späne ab und schürten am Herde. Dann gingen sie alle auf die Tenne zum Dreschen.

Auch die Mutter war aufgestanden und hatte in der Stube Licht gemacht; bald darauf erhob sich der Vater, und sie zogen Kleider an, die nicht ganz für den Werktag und auch nicht ganz für den Feiertag waren. Dann sprach die Mutter zur Ahne, die im Bett lag, einige Worte, und wenn ich, erweckt durch die Unruhe, auch irgendeine Bemerkung tat, so gab sie mir bloß zur Antwort: »Sei du nur schön still und schlaf!« – Dann zündeten meine Eltern eine Laterne an, löschten das Licht in der Stube aus und gingen aus dem Hause. Ich hörte noch die äußere Tür gehen, und ich sah an den Fenstern den Lichtschimmer vorüberflimmern, und ich hörte das Ächzen der Tritte im Schnee, und ich hörte noch das Rasseln des Kettenhundes. – Dann wurde es wieder ruhig, nur das dumpfe, gleichmäßige Pochen der Drescher war zu vernehmen, dann schlief ich wieder ein.

Der Vater und die Mutter gingen in die fast drei Stunden entfernte Pfarrkirche zur Rorate. Ich träumte ihnen nach, ich hörte die Kirchenglocken, ich hörte den Ton der Orgel und das Adventlied: Maria sei gegrüßt, du Lichter Morgenstern! Und ich sah die Lichter am Hochaltar, und die Engelein, die über demselben standen, breiteten ihre goldenen Flügel aus und flogen in der Kirche umher, und einer, der mit der Posaune über dem Predigtstuhl stand, zog hinaus in die Heiden und in die Wälder und blies es durch die ganze Welt, dass die Ankunft des Heilands nahe sei.

Als ich erwachte, strahlte die Sonne schon lange zu den Fenstern herein, und draußen glitzerte und flimmerte der Schnee, und die Mutter ging wieder in der Stube umher und war in Werktagskleidern und tat häusliche Arbeiten. Das Bett der Ahne neben dem meinigen war auch schon geschichtet, und die Ahne kam nun von der Küche herein und half mir die Höschen anziehen und wusch mein Gesicht mit kaltem Wasser, dass ich aus Empfindsamkeit zugleich weinte und lachte. Als dieses geschehen war, kniete ich auf meinen Schemel hin und betete mit der Ahne den Morgensegen:

In Gottes Namen aufstehen,
gegen Gott gehen,
gegen Gott treten,
zum himmlischen Vater beten,
dass er uns verleih
lieb Englein drei:
der erste, der uns weist,
der zweite, der uns speist,
der dritt, der uns behüt und bewahrt,
dass uns an Leib und Seel nichts widerfahrt.

Nach dieser Andacht erhielt ich meine Morgensuppe, und nach derselben kam die Ahne mit einem Kübel Rüben, die wir nun zusammen zu schälen hatten. Ich saß dabei auf meinem Schemel. Aber bei dem Schälen der Rüben konnte ich die Ahne nie vollkommen befriedigen; ich schnitt stets eine zu dicke Schale, ließ sie aber stellenweise doch wieder ganz auf der Rübe. Wenn ich mich gar in die Finger schnitt und sofort zu weinen begann, so sagte die Ahne immer sehr unwirsch: »Mit dir ist's wohl ein rechtes Kreuz, man soll dich frei hinauswerfen in den Schnee!« Dabei verband sie mir die Wunde mit unsäglicher Sorgfalt und Liebe.

So vergingen die Tage des Advents, und ich und die Ahne sprachen immer häufiger vom Weihnachtsfest und vom Christkind, das nun bald kommen werde zu den Menschen.

Je mehr wir dem Feste nahten, um so unruhiger wurde es im Haus. Die Knechte trieben das Vieh aus dem Stall und gaben frische Streu hinein und stellten die Barren und Krippen zurecht; der Halterbub striegelte die Ochsen, dass sie ein glattes Aussehen bekamen; der Futterbub mischte mehr Heu in das Stroh als gewöhnlich und bereitete davon einen ganzen Stoß in der Futterkammer. Die Kuhmagd tat das gleiche. Das Dreschen hatte schon einige Tage früher aufgehört, weil man durch den Lärm die nahen Feiertage zu entheiligen geglaubt hätte.

Im ganzen Haus wurde gewaschen und gescheuert, selbst in die Stube kamen die Mägde mit ihren Wasserkübeln und Strohwischen und Besen hinein. Ich freute mich immer sehr auf dieses Waschen, weil ich es gern hatte, wie alles drunter und drüber gekehrt wurde, und weil die Glasbilder im Tischwinkel, die braune Schwarzwälderuhr mit ihrer Metallschelle und andere Dinge, die ich sonst immer nur in der Höhe zu sehen bekam, herabgenommen und mir näher gebracht wurden, so dass ich alles viel genauer und von verschiedenen Seiten betrachten konnte. Freilich war mir nicht erlaubt, dergleichen Dinge anzurühren, weil ich noch zu ungeschickt und unbesonnen dafür wäre und die Gegenstände leicht beschädigen könne. Aber es gab doch Augenblicke, in welchen man im eifrigen Waschen und Scheuern nicht auf mich achtete. (...)

Endlich nahm das Waschen und Scheuern und Glätten ein Ende, im Haus wurde es ruhiger, fast still, und der Heilige Abend war da. Das Mittagmahl am Heiligen Abend wurde nicht in der Stube eingenommen, sondern in der Küche, wo man das Nudelbrett als Tisch und sich um dasselbe herumsetzte und das einfache Fastengericht still, aber mit gehobener Stimmung verzehrte.

Der Tisch in der Stube war mit einem schneeweißen Tuch bedeckt, und vor dem Tisch stand mein Schemel, auf welchen sich zum

Abend, als die Dämmerung einbrach, die Ahne hinkniete und still betete.

Mägde gingen leise durch das Haus und bereiteten ihre Festtagskleider vor, und die Mutter tat in einen großen Topf Fleischstücke, goss Wasser dazu und stellte sie zum Herdfeuer. Ich schlich in der Stube auf den Zehenspitzen herum und hörte nichts als das lustige Prasseln des Feuers in der Küche. Ich blickte auf meine Sonntagshöschen und auf das Jöpperl und auf das schwarze Filzhütlein, das schon an einem Nagel an der Wand hing, und dann blickte ich durch das

Fenster in die hereinbrechende Dunkelheit hinaus. Wenn kein ungestümes Wetter eintrat, so durfte ich in der Nacht mit dem Großknecht in die Kirche gehen. Und das Wetter war ruhig, und es würde auch, wie der Vater sagte, nicht allzu kalt werden, weil auf den Bergen Nebel lag. (...)

Nach dem Rauchen stellte der Vater ein Kerzenlicht auf den Tisch, Späne durften heute nur in der Küche gebrannt werden. Das Nachtmahl wurde schon wieder in der Stube eingenommen. Der Großknecht erzählte während desselben wundersame Geschichten.

Nach dem Abendmahl sang die Mutter ein Hirtenlied. So wonnevoll ich sonst diesen Liedern lauschte, heute dachte ich immer nur an den Kirchgang, und ich wollte durchaus schon das Sonntagskleidchen anziehen. Man sagte, es sei noch später Zeit dazu, aber endlich gab die Ahne meinem Drängen doch nach und zog mich an. Der Stallknecht kleidete sich sehr sorgsam in seinen Festtagsstaat, weil er nach dem Mitternachtsgottesdienst nicht nach Hause gehen, sondern im Dorf den Morgen abwarten wollte. Gegen neun Uhr waren auch die anderen Knechte und Mägde bereit und zündeten am Kerzenlicht eine Spanlunte an. Ich hielt mich an den Großknecht, und meine Eltern und meine Großmutter, welche daheim blieben, um das Haus zu hüten, besprengten mich mit Weihwasser und sagten, dass ich nicht fallen und nicht erfrieren möge. Dann gingen wir.

Es war sehr finster, und die Lunte, welche der Stallknecht vorantrug, warf ihr rotes Licht in einer großen Scheibe auf den Schnee und auf den Zaun und auf die Steinhaufen und Bäume, an denen wir vorüberkamen. Mir kam dieses rote Leuchten, das zudem noch durch die großen Schatten unserer Körper unterbrochen war, grauenhaft vor, und ich hielt mich sehr ängstlich an den Großknecht, so dass dieser einmal sagte: »Aber hörst, meine Joppe musst du mir lassen, was tät ich denn, wenn du mir sie abrissest?«

Der Pfad war eine Zeitlang sehr schmal, so dass wir hintereinander gehen mussten, wobei ich nur froh war, dass ich nicht der letzte war, denn ich bildete mir ein, dass ich dieser unendlichen Gefahren wegen der Gespenster ausgesetzt sein müsse.

Eine schneidende Luft ging, und die glimmenden Splitter der Lunte flogen weithin, und selbst als sie auf die harte Schneekruste fielen, glommen sie noch eine Weile fort.

Wir waren bisher über die Blößen und durch Gesträuch und Wälder abwärts gegangen, jetzt kamen wir zu einem Bach, den ich sehr

gut kannte, er floss durch die Wiese, auf welcher wir im Sommer das Heu machten. Im Sommer rauschte dieser Bach sehr, aber heute hörte man ihn nur murmeln und gurgeln, weil er überfroren war. Auch an einer Mühle kamen wir vorüber, an welcher ich gar heftig erschrak, weil einige Funken auf das Dach flogen; aber auf dem Dach lag Schnee, und die Funken erloschen. Als wir eine Weile durch das Tal gegangen waren, verließen wir den Bach, und der Weg führte aufwärts durch einen finsteren Wald, in welchem der Schnee sehr seicht lag und keine so feste Kruste hatte wie auf den Blößen.

Endlich kamen wir zu einer breiten Straße, wo wir nebeneinander gehen konnten und wo wir dann und wann ein Schlittengeschelle hörten. Dem Stallknecht war die Lunte bereits bis zu der Hand herabgebrannt, und er zündete nun eine neue an, die er vorrätig hatte. Auf der Straße sah man nun auch mehrere andere Lichter, große rote Fackeln, die heranloderten, als schwämmen sie in der schwarzen Luft, und hinter denen nach und nach ein Gesicht und mehrere Gesichter auftauchten, von Kirchengehern, die sich nun auch zu uns gesellten. Und wir sahen Lichter von anderen Bergen und Höhen, die noch so weit entfernt waren, dass wir nicht erkennen konnten, ob sie standen oder sich bewegten.

Als wir eine lange Weile auf der Straße fortgegangen und an einzelnen Bäumen und an Häusern vorüber und dann wieder über Felder und durch einen Wald gekommen waren, hörte ich auf den Baumwipfeln plötzlich ein leises Klingen. Als ich horchen wollte, hörte ich es nicht, aber bald darauf hörte ich es wieder und deutlicher als das ers-

te Mal. Es war der Ton des kleinen Glöckleins vom Turm der Kirche. Die Lichter, die wir nun auf den Bergen und im Tal sahen, wurden immer häufiger, und nun merkten wir es auch, dass sie alle der Kirche zueilten. Auch die kleinen, ruhigen Sterne der Laternen schwebten heran, und auf der Straße wurde es immer lebhafter. Das kleine Glöcklein wurde durch ein größeres abgelöst, und das läutete so lange, bis wir fast nahe zur Kirche kamen. – Also war es doch wahr, wie die Ahne gesagt hatte: Um Mitternacht fangen die Glocken zu läuten an und läuten so lange, bis aus den fernen Tälern der letzte Bewohner der Hütten zur Kirche kommt.

Die Kirche steht auf einem mit Birken und Tannen bewachsenen Hügel, und um sie liegt der kleine Friedhof, welcher mit einer niederen Mauer umgeben ist. Die wenigen Häuser stehen im Tal.

Als die Leute an die Kirche gekommen waren, steckten sie ihre Lunten umgekehrt in den Schnee, dass sie erloschen, nur eine wurde zwischen zwei Steine der Friedhofsmauer geklemmt und brennen gelassen.

Jetzt klang auf dem Turm in langsamem, gleichmäßigem Wiegen schon die große Glocke. Aus den schmalen, hohen Kirchenfenstern fiel heller Schein. Ich wollte in die Kirche, aber der Großknecht sagte, es habe noch Zeit, und blieb stehen und sprach und lachte mit anderen Burschen und stopfte sich eine Pfeife an.

Endlich klangen alle Glocken zusammen, in der Kirche begann die Orgel zu tönen, und nun gingen wir hinein.

Das sah ganz anders aus als an den Sonntagen. Die Lichter, die auf dem Altar brannten, waren hellweiße, funkelnde Sterne, und der vergoldete Tabernakel strahlte gar herrlich zurück. Die Ampel des Ewigen Lichtes war rot. Der obere Raum der Kirche war so dunkel, dass man die schönen Verzierungen des Schiffes nicht sehen konnte. Die dunklen Gestalten der Menschen saßen in den Stühlen oder standen neben denselben; die Weiber waren sehr in Tücher eingeschlagen und husteten. Viele hatten Kerzen vor sich brennen und sangen aus ihren Büchern mit, als auf dem Chor das Tedeum ertönte. Der Großknecht führte mich durch die zwei Reihen der Stühle gegen einen Nebenaltar, wo schon mehrere Leute standen. Dort hob er mich auf einen Schemel zu einem Glaskasten empor, der, von zwei Kerzen beleuchtet, zwischen zwei aufgesteckten Tannenwipfeln stand und den ich früher, wenn ich mit den Eltern in die Kirche kam, nie gesehen hatte. Als mich der Großknecht auf den Schemel gehoben hatte, sagte er mir leise ins Ohr: »So, jetzt kannst das Krippel anschauen.« Dann ließ er mich stehen,

und ich schaute durch das Glas. Da kam ein Weiblein zu mir herbei und sagte leise: »Ja, Kind, wenn du das anschauen willst, so muss dir's auch jemand auslegen.« Und sie erklärte mir die kleinen Gestalten.

Ich sah die Dinge an. Außer der Mutter Maria, welche über den Kopf ein blaues Tuch geschlagen hatte, das bis zu den Füßen hinabging, waren alle Gestalten, welche Menschen vorstellen sollten, so gekleidet wie unsere Knechte oder wie ältere Bauern. Der heilige Joseph selbst trug grüne Strümpfe und eine kurze Gamslederhose.

Als das Tedeum zu Ende war, kam der Großknecht wieder, hob mich von dem Schemel, und wir setzten uns in einen Stuhl. Dann ging der Kirchenmann herum und zündete alle Kerzen an, die in der Kirche waren, und jeder Mensch, auch der Großknecht, zog nun ein Kerzlein aus dem Sack und zündete es an und klebte es vor sich auf das Pult. Jetzt war es so hell in der Kirche, dass man auch die vielen schönen Verzierungen an der Decke genau sehen konnte.

Auf dem Chor stimmte man Geigen und Trompeten und Pauken, und als an der Sakristeitür das Glöcklein klang und der Pfarrer in funkelndem Messkleid, begleitet von Ministranten und rotbemäntelten Windlichtträgern, über den purpurroten Fußteppich zum Altare ging, da rauschte die Orgel in ihrem ganzen Vollklang, da wirbelten die Pauken und schmetterten die Trompeten.

Weihrauch stieg auf und hüllte den ganzen lichterstrahlenden Hochaltar in einen Schleier. – So begann das Hochamt, und so strahlte und tönte und klang es um Mitternacht. Beim Offertorium waren alle Instrumente still, nur zwei helle Stimmen sangen ein liebliches Hirtenlied, und während des Benediktus jodelten eine Klarinette und zwei Flügelhörner langsam und leise den Wiegengesang. Während des Evangeliums und der Wandlung hörte man auf dem Chor den Kuckuck und die Nachtigall wie mitten im sonnigen Frühling.

Tief nahm ich sie auf in meine Seele, die wunderbare Herrlichkeit der Christnacht, aber ich jauchzte nicht auf vor Entzücken, ich blieb ernst, ruhig, ich fühlte die Weihe.

Aber während die Musik tönte, dachte ich an Vater und Mutter und Großmutter daheim. Die knien jetzt um den Tisch bei dem einzigen Kerzenlichtlein und beten, oder sie schlafen gar, und es ist finster in der Stube, und nur die Uhr geht, sonst ist es still, und es liegt eine tiefe Ruhe über den waldigen Bergen, und die Christnacht ist ausgebreitet über die ganze Welt.

Als endlich das Amt seinem Ende nahte, erloschen nach und nach die Kerzlein in den Stühlen, und der Kirchenmann ging wieder herum und dämpfte mit seinem Blechkäppchen an den Wänden und Bildern und Altären die Lichter aus. Die am Hochaltar brannten noch, als auf dem Chor der letzte freudenreiche Festmarsch erscholl und sich die Leute aus der weihrauchduftenden Kirche drängten.

Als wir in das Freie kamen, war es trotz des dichten Nebels, der sich von den Bergen niedergesenkt hatte, nicht mehr ganz so finster wie vor Mitternacht. Es musste der Mond aufgegangen sein; man zündete keine Fackeln mehr an. Es schlug ein Uhr, aber der Schulmeister läutete schon die Betglocke zum Christmorgen.

Ich warf noch einen Blick auf die Kirchenfenster; aller Festglanz war erloschen, ich sah nur mehr den matten, rötlichen Schimmer des Ewigen Lichtes.

PETER ROSEGGER

Die schönsten Gedichte zum Heiligen Abend

Die Nacht vor dem heiligen Abend

Die Nacht vor dem heiligen Abend,
da liegen die Kinder im Traum,
sie träumen von schönen Sachen
und von dem Weihnachtsbaum.

Und während sie schlafen und träumen,
wird es am Himmel klar,
und durch den Himmel fliegen
drei Engel wunderbar.

Sie tragen ein holdes Kindlein,
das ist der heil'ge Christ,
es ist so fromm und freundlich,
wie keins auf Erden ist.

Und wie es durch den Himmel
still über die Häuser fliegt,
schaut es in jedes Bettchen,
wo nur ein Kindlein liegt.

Und freut sich über alle,
die fromm und freundlich sind;
denn solche liebt von Herzen
das liebe Himmelskind.

Wird sie auch reich bedenken
mit Lust aufs allerbest',
und wird sie schön beschenken
zum morgenden Weihnachtsfest.

Heut schlafen noch die Kinder
und sehn es nur im Traum;
doch morgen tanzen und springen
sie um den Weihnachtsbaum.

ROBERT REINICK

Weihnachten

Markt und Straßen stehn verlassen,
Still erleuchtet jedes Haus,
Sinnend geh ich durch die Gassen,
Alles sieht so festlich aus.

An den Fenstern haben Frauen
Buntes Spielzeug fromm geschmückt,
Tausend Kindlein stehn und schauen,
Sind so wundervoll beglückt.

Und ich wandre aus den Mauern
Bis hinaus ins freie Feld,
Hehres Glänzen, heil'ges Schauern!
Wie so weit und still die Welt!

Sterne hoch die Kreise schlingen,
Aus des Schnees Einsamkeit
Steigt's wie wunderbares Singen –
O du gnadenreiche Zeit!

JOSEPH VON EICHENDORFF

O Weihnacht

O Weihnacht! Weihnacht! Höchste Feier!
Wir fassen ihre Wonne nicht,
sie hüllt in ihre heil'gen Schleier
das seligste Geheimnis dicht.

NIKOLAUS LENAU

Der Vater am Christabend

Ei, wie wimmeln nun die Straßen
Von den froh bewegten Mengen!
Durch die dichtgereihten Massen
Will sich auch ein Stiller drängen.

Seht, ein Bäumchen in den Händen,
Biegt er um des Hauses Ecke,
Eilt, dass er das Werk vollende
Und zur Zeit es noch verstecke!

Was nun will sein Lächeln meinen,
Wie er zündet jetzt das Licht?
Allen Jubel seiner Kleinen
Trägt er schon im Angesicht.

EDUARD VON BAUERNFELD

Heilige Nacht

Über Nacht wird alles weißer,
wenn der Schnee zur Erde sinkt.
Alle Wangen werden heißer,
wenn das Lied zur Christnacht klingt.

Singst auch du mit frohem Klang
dieses Lied aus voller Brust,
füllt dein Herz sich ohne Bang
mit der schönsten Weihnachtslust.

In der Krippe liegt das Kind
neu geboren und geliebt,
um den Tisch versammelt sind,
wem gegeben und wer gibt.

JOHANNES THIELE

Dank an Weihnachten

Nun leuchten wieder die Weihnachtskerzen
und wecken Freude in allen Herzen.
Ihr lieben Eltern, in diesen Tagen,
was sollen wir singen, was sollen wir sagen?

Wir wollen euch wünschen zum heiligen Feste
vom Schönen das Schönste, vom Guten das Beste!
Wir wollen euch danken für alle Gaben
und wollen euch immer noch lieber haben.

GUSTAV FALKE

Vor dem Christbaum aufzusagen

Da guck einmal, was gestern Nacht
Christkindlein alles mir gebracht:
Ein Räppchen
und ein Wägelchen,
ein Käppchen
und ein Krägelchen,
ein Tütchen
und ein Rütchen,
ein Büchlein
voller Sprüchlein.
Das Tütchen, wenn ich fleißig lern,
ein Rütchen, tät ich es nicht gern.
Und nun gar erst der Weihnachtsbaum,
ein schön'rer steht im Walde kaum.
Ja, schau nur her und schau nur hin
und schau, wie ich so glücklich bin.

FRIEDRICH GÜLL

Winternacht

Es war einmal eine Glocke,
die machte baum, baum ...
Und es war einmal eine Glocke,
die fiel dazu wie im Traum ...

Die fiel dazu wie im Traum ...
Die sank so leis hernieder,
wie ein Stück Engleingefieder
aus dem silbernen Sternenraum.

Es war einmal eine Glocke,
die machte baum, baum ...
Und dazu fiel eine Flocke,
so leis als wie ein Traum ...

So leis als wie ein Traum ...
Und als vieltausend gefallen leis,
da war die ganze Erde weiß,
als wie von Engleinflaum.

Da war die ganze Erde weiß,
als wie von Engleinflaum.

CHRISTIAN MORGENSTERN

Weihnachtslied

Vom Himmel in die tiefsten Klüfte
Ein milder Stern herniederlacht;
Vom Tannenwalde steigen Düfte
Und hauchen durch die Winterlüfte,
Und kerzenhelle wird die Nacht.

Mir ist das Herz so froh erschrocken,
Das ist die liebe Weihnachtszeit!
Ich hörte fernher Kirchenglocken
Mich lieblich heimatlich verlocken
In märchenstille Herrlichkeit.

Ein frommer Zauber hält mich wieder,
Anbetend, staunend muss ich stehn;
Es sinkt auf meine Augenlider
Ein goldner Kindertraum hernieder,
Ich fühl's, ein Wunder ist geschehn.

Weihnachten

Liebeläutend zieht durch Kerzenhelle,
mild, wie Wälderduft, die Weihnachtszeit.
Und ein schlichtes Glück streut auf die Schwelle
schöne Blumen der Vergangenheit.

Hand schmiegt sich an Hand im engen Kreise,
und das alte Lied von Gott und Christ
bebt durch Seelen und verkündet leise,
dass die kleinste Welt die größte ist.

JOACHIM RINGELNATZ

Käthchens Weihnachtstraum

Das vierjährige Käthchen hatte zu Weihnachten eine Küche bekommen und ein Schäfchen, das »Mäh« schreien konnte. Das allerschönste aber war Rosa, eine Puppe in rosenfarbenem Faltenkleid aus Tüll. Dazu passte der feine Kopf mit seinen schwarzen Locken, den hübschen roten Wangen und großen blauen Augen ganz allerliebst. Letztere fielen, wenn man die Puppe nach hinten beugte, ganz von selbst zu.

Käthchen hatte auch Geschwister. Da war Gerhard, der hatte natürlich Soldaten, Pferde und Kanonen bekommen und auch einen Nussknacker. Dann Liesel, die auch eine Puppe als Geschenk erhalten hatte. Diese musste mindestens eine Gräfin sein, so herrlich prangte sie in schwarzem Samt mit silbernen Knöpfen. Sie war gleich Paula getauft worden, »denn so heißen die Gräfinnen ja gewöhnlich«, meinte Liesel.

Trudchen, das kleinste Schwesterchen, hatte die größte Puppe geschenkt bekommen, ein Bauernmädel, wohl einen Kopf größer als Gräfin Paula, und ebenso stark wie der Nussknacker. Ihren endgültigen Namen hatte sie noch nicht gefunden. Vorläufig nannte man sie einfach Rosine, weil sie mit einer Rosine an der Nase das Licht des Christbaumes erblickt hatte: Als bei der Bescherung die Kinder an ihre Plätze geeilt waren, hatte Klein-Trudchen zuerst an ihrem Kuchen geknabbert, und dabei war eine Rosine herabgeglitten und der Puppe an der Nase hängengeblieben. Zwar wanderte sie von dort bald in Trudchens Mund, aber den Namen hatte die Puppe doch davon weg. Neben Rosine stand noch ein Schornsteinfeger, der war ganz schwarz bis auf seine Leiter, denn die war noch neu und weiß.

Gerhards Soldaten zu beschreiben ist ganz unmöglich, denn es waren wenigstens hundert Gemeine und außerdem ein Oberst und ein General mit vielen prächtigen Orden. Der Trompeter aber mit seiner zierlichen blanken Trompete war fast noch schöner als diese beiden und sah mit seinem kecken braunen Schnurrbart unternehmungslustig aus.

Käthchen hatte lange gespielt und war dabei müde geworden, wollte sich aber von der wunderschönen Puppe nicht trennen. »Weißt du was«, sagte die Mama, die immer guten Rat wusste, »nimm deine Rosa mit ins Bett, sonst läuft sie am Ende fort und geht mit dem Nussknacker auf den Ball.«

Betroffen blickte Käthchen zu dem Nussknacker hinüber, und richtig, dieser schaute der schönen Rosa so frech ins Gesicht, als wollte er sagen: »Wart' nur bis gleich!« Da nahm das Mädchen kurz besonnen die Puppe unter den Arm und ging zu Bett.

Nun ist es allbekannt, dass in der Nacht nach der Bescherung die Spielsachen, soweit sie noch nicht entzwei sind, lebendig werden, und da geht's dann allemal lustig zu. So merkte auch Käthchen, als es sich, schon im tiefsten Schlafe, nach der offenstehenden Tür der Weihnachtsstube umdrehte, dass Gertruds Schornsteinfeger seine Leiter an den Christbaum angelehnt hatte und hinaufstieg, um mit einem Wachsstock die Lichter wieder anzünden. Der Nussknacker und der Trompeter hielten dabei die

Leiter, und die beiden Offiziere plauderten mit Gräfin Paula, während die Köchin Rosine mit einem dicken, an den Enden ausgefransten Knallbonbon den Tisch reinfegte.

Als alle Lichtlein brannten und der Schornsteinfeger wieder vom Baum herabsteigen wollte, winkte der General den Trompeter heran und flüsterte ihm leise ins Ohr: »Zieh' die Leiter weg, damit der rußige Kerl nicht herunterklettern kann, den können wir nicht auf unsrem Ball brauchen.«

So geschah es, und der arme Schornsteinfeger saß auf dem Weihnachtsbaum und musste zusehen und -hören, wie der Trompeter zum Tanz aufspielte und der General die Gräfin Paula zum Walzer aufforderte. Rosine aber lehnte ein entsprechendes Angebot des Oberst ab und tanzte lieber mit dem Nussknacker, weil der vom gleichen Stande war wie sie selbst.

Wie gern hätte die schöne Rosa nun mit dem Oberst getanzt, der so verlassen dastand und an seinem Schnurrbart zupfte, aber Käthchen hielt sie ganz fest und sagte: »Du bleibst hier, Rosa, du gehst mir nicht auf den Ball.«

Unterdessen war im Weihnachtszimmer ein wildes Tanzvergnügen im Gange, während der arme Schornsteinfeger auf dem Christbaum immer ärgerlicher wurde. Plötzlich entdeckte er gerade unter sich das dicke Knallbonbon, das Rosine vorhin als Besen benutzt hatte. Da drehte er aus einem der Baumwollfäden, die zum Schmuck in den Zweigen hingen, eine Lunte, zündete sie an einem Lichtchen an und – steckte das Knallbonbon in Brand.

Der schmucke Oberst saß gerade mit Gräfin Paula auf einer
Schachtel voll Knallerbsen und
plauderte nach Herzenslust, da
platzte das Knallbonbon und
schleuderte seine Zuckererbsen
mit furchtbarer Gewalt nach allen Seiten umher. Die Lichter
erloschen, der Schornsteinfeger
stürzte vom Baum herab und
brach sich ein Bein, dem Trompeter wurde sein Instrument aus
der Hand gerissen, und der Nussknacker stand vor Schreck mit
weit aufgesperrten Munde da.
Am schlimmsten aber hatte es

den schmucken Oberst getroffen, denn die ganze Schachtel Knallerbsen war mit ihm in die Luft geflogen und hatte ihn in tausend
Stücke zerrissen. Gräfin Paula hatte Glück, nur ein Uniformknopf
des Oberst war ihr an die Wange geflogen, und so lange sie lebte, sah
man noch die Spur davon.

Von dem Knall waren auch Käthchen und ihre Eltern aufgewacht,
und die Kleine rief ganz erschrocken: »Papa, bitte, geh doch schnell
in den Saal, der Schornsteinfeger hat den armen Oberst in die Luft
gesprengt.«

Papa nahm ein Licht und betrachtete das Durcheinander. »Es ist
doch zu dumm«, sagte er, »wenn die Knallerbsen knallen sollen,
dann tun sie's nicht, möchte man aber ruhig schlafen, gehen sie ganz
von selbst los.«

»Hauptsache, meine Rosa ist nicht kank geworden«, sagte Käthchen.

»Krank heißt es«, verbesserte der Papa.

»Ich hab ja auch kank gesagt«, verteidigte sich die Kleine, und
dann schliefen alle, jetzt ohne Störung, weiter.

ALBERT TIMAEUS

Das weihnachtliche Liederbuch

Alle Jahre wieder

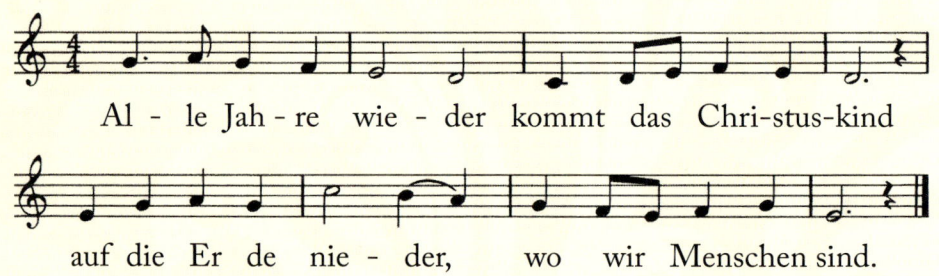

Al - le Jah - re wie - der kommt das Chri-stus-kind

auf die Er de nie - der,   wo   wir Menschen sind.

Kehrt mit seinem Segen
ein in jedes Haus,
geht auf allen Wegen
mit uns ein und aus.

Ist auch mir zur Seite,
still und unerkannt,
dass es treu mich leite
an der lieben Hand.

MUSIK: FRIEDRICH SILCHER
TEXT: WILHELM HEY

Am Weihnachtsbaum die Lichter brennen

Am Weihnachts - baum_____ die Lich - ter
bren - nen, wie glänzt er fest - lich, lieb und
mild, als spräch' er: »Wollt___ in mir er-
ken - nen ge-treu - er Hoff-nung stil - les Bild!«

Die Kinder stehn mit hellen Blicken,
das Auge lacht, es lacht das Herz,
o fröhlich seliges Entzücken!
Die Alten schauen himmelwärts.

Zwei Engel sind hereingetreten,
kein Auge hat sie kommen seh'n,
sie gehn zum Weihnachtstisch und beten,
und wenden wieder sich und geh'n.

»Gesegnet seid, ihr alten Leute,
gesegnet sei, du kleine Schar!
Wir bringen Gottes Segen heute
dem braunen wie dem weißen Haar.

Zu guten Menschen, die sich lieben,
schickt uns der Herr als Boten aus,
und seid ihr treu und fromm geblieben,
wir treten wieder in dies Haus.«

Kein Ohr hat ihren Spruch vernommen,
unsichtbar jedes Menschen Blick
sind sie gegangen wie gekommen,
doch Gottes Segen blieb zurück.

MUSIK: VOLKSWEISE, 19. JAHRHUNDERT
TEXT: HERMANN KLETKE, 1841

Der Christbaum ist der schönste Baum

Der Christbaum ist der schönste Baum,
den wir auf Erden kennen.
Im Garten klein, im engsten Raum,
wie lieblich blüht der Wunderbaum,
|: wenn seine Lichter brennen :|
ja brennen.

Denn sieh, in dieser Wundernacht
ist einst der Herr geboren,
der Heiland, der uns selig macht.
Hätt' er den Himmel nicht gebracht,
|: wär' alle Welt verloren, :|
verloren.

Doch nun ist Freud' und Seligkeit,
ist jede Nacht voll Kerzen.
Auch dir, mein Kind, ist das bereit't;
dein Jesus schenkt dir alles heut',
|: gern wohnt er dir im Herzen, :|
im Herzen.

O lass ihn ein! Er ist kein Traum.
Er wählt dein Herz zum Garten,
will pflanzen in den engen Raum
den allerschönsten Wunderbaum
|: und seiner treulich warten, :|
ja warten.

MUSIK: GEORG EISENBACH, 1812
TEXT: NORDDEUTSCHES VOLKSLIED

Es ist ein Ros entsprungen

Es ist ein Ros ent - sprun - gen aus ei-ner_
als uns die Al - ten sun - gen: von Je - se__

_____Wur - zel zart, und hat ein Blümlein bracht mit-
_____kam die Art

ten im kal-ten Win - ter wohl zu der___hal-ben Nacht.

Das Röslein, das ich meine,
davon Isaias sagt:
Maria ist's, die Reine,
die uns das Blümlein bracht.
Aus Gottes ew'gem Rat
hat sie ein Kind geboren
und blieb die reine Magd.

Das Blümelein so kleine,
das duftet uns so süß,
mit seinem hellen Scheine
vertreibt's die Finsternis.
Wahr' Mensch und wahrer Gott,
hilft uns aus allem Leide,
rettet von Sünd und Tod.

Es ist für uns eine Zeit angekommen

Es ist für uns ei - ne Zeit an - ge-

kom-men, die bringt uns ei - ne___ gro - ße Freud.

Ü - bers schnee - be - glänz - te ____ Feld wan - dern

wir, wan-dern wir durch die wei - te, wei - ße Welt.

In der Krippe muss er liegen,
und wenn's der härteste Felsen wär':
Zwischen Ochs' und Eselein
liegst du, armes Jesulein.

Drei König' kamen, ihn zu suchen,
der Stern führt' sie nach Bethlehem.
Kron' und Zepter legten sie ab,
brachten ihm ihre reiche Gab'.

MUSIK UND TEXT: VOLKSLIED

Freut euch, ihr Hirten all'

Freut euch, ihr Hirten all', und jauchzt mit großem Schall!
Gott ist ein Kind gebor'n, hat Mensch zu sein erkor'n!
O große Freude! O große Freude!

Der Glanz der Herrlichkeit hat sich in uns verkleid't,
die ew'ge Gottsgewalt erscheint in Knechtsgestalt.
O große Freude! O große Freude!

Der hohe Wunderheld, der Herrscher aller Welt
ist unser Brüderlein, will uns vom Tod befrei'n.
O große Freude! O große Freude!

Das liebe Jesulein liegt in dem Krippelein,
verkürzt uns alle Pein mit seinen Äugelein.
O große Freude! O große Freude!

Viel tausend Engelein hört man in Lüften schrei'n,
und uns zu Trost allda erschallt das Gloria.
O große Freude! O große Freude!

MUSIK UND TEXT:
VOLKSLIED

Fröhliche Weihnacht überall

Fröh-li-che Weih-nacht üb-er-all tö-net

durch die Lüf-te fro-her Schall. Weih-nachts-ton,

Weihnachtsbaum, Weihnachtsduft in je-dem Raum.

Fröh-li-che Weih-nacht üb-er-all,

tö-net durch die Lüf-te fro-her Schall.

Dar-um al-le stim-met ein in den

Ju-bel-ton, denn es kommt das

Heil der Welt von des Va-ters Thron.

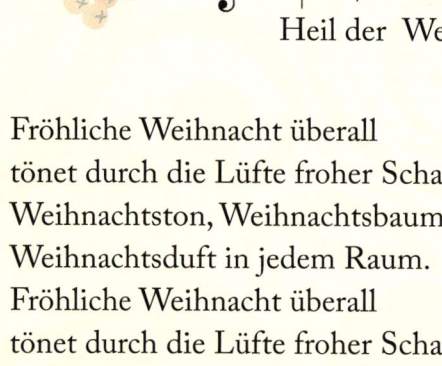

Fröhliche Weihnacht überall
tönet durch die Lüfte froher Schall.
Weihnachtston, Weihnachtsbaum,
Weihnachtsduft in jedem Raum.
Fröhliche Weihnacht überall
tönet durch die Lüfte froher Schall.
Licht auf dunklem Wege,
unser Licht bist du,
denn du führst die dir vertrauen
ein zur sel'gen Ruh.

Fröhliche Weihnacht überall
tönet durch die Lüfte froher Schall.
Weihnachtston, Weihnachtsbaum,
Weihnachtsduft in jedem Raum.
Fröhliche Weihnacht überall
tönet durch die Lüfte froher Schall.
Was wir andern taten,
sei getan für dich,
dass bekennen jeder muss,
Christkind kommt für dich.

Nun freut euch, ihr Christen

Nun freut euch, ihr Chri-sten, sin-get Ju-bel-lie-der und
kom-met, o kom-met nach Beth-le-hem.
Chri-stus der Hei-land stieg zu uns her-nie-der.
Kommt, las-set uns an-be-ten, kommt,
las-set uns an-be-ten, kommt, las-set uns an-
be-ten den Kö-nig, den Herrn.

O sehet, die Hirten
eilen von den Herden
und suchen das Kind nach des Engels Wort;
gehen wir mit ihnen, Friede soll uns werden.
Kommt, lasset uns anbeten, kommt, lasset uns anbeten,
kommt, lasset uns anbeten den König, den Herrn.

Kommt, singet dem Herren,
singt ihm, Engelschöre!
Frohlocket, frohlocket, ihr Seligen:
Ehre sei Gott im Himmel und auf Erden!
Kommt, lasset uns anbeten, kommt, lasset und anbeten,
kommt, lasset uns anbeten den König, den Herrn.

MUSIK: JOHN FRANCIS WADE, 17. JAHRHUNDERT
TEXT: NACH »ADESTE FIDELES«, ABBÉ BORDIERES, UM 1790

Ich steh an deiner Krippe hier

Ich steh' an Deiner Krip - pe hier, o
ich kom - me, bring' und schen - ke Dir, was

Je - su, Du mein Le - ben; Nimm hin, es ist mein
Du mir hast ge - ge - ben.

Geist und Sinn, Herz, Seel und Mut, nimm al - les hin

und lass Dir's wohl - ge - fal - len.

Da ich noch nicht geboren war,
da bist du mir geboren
und hast dich mir zu eigen gar,
eh' ich dich kannt', erkoren.
Eh' ich durch deine Hand gemacht,
da hast du schon bei dir bedacht,
wie du mein wolltest werden.

Ich lag in tiefer Todesnacht,
du warest meine Sonne,
die Sonne, die mir zugebracht
Licht, Leben, Freud' und Wonne.
O Sonne, die das werte Licht
des Glaubens in mir zugericht',
wie schön sind deine Strahlen.

Ich sehe dich mit Freuden an
und kann mich nicht satt sehen;
und weil ich nun nichts weiter kann,
bleib' ich anbetend stehen.
O dass mein Sinn ein Abgrund wär'
und meine Seel' ein weites Meer,
dass ich dich möchte fassen.

MUSIK: JOHANN SEBASTIAN BACH
TEXT: PAUL GERHARDT

Wiegenlied

Guten Abend, gut Nacht,
mit Rosen bedacht,
mit Näglein besteckt,
schlüpf unter die Deck'.
Morgen früh, wenn Gott will,
wirst du wieder geweckt.

Guten Abend, gut Nacht,
von Englein bewacht,
die zeigen im Traum
dir Christkindleins Baum.
Schlaf nun selig und süß,
schau im Traum 's Paradies!

VOLKSLIED

Ihr Kinderlein, kommet

Ihr Kin - der - lein kom - met, o kom - met doch all! Zur Krip - pe her kom - met in Beth- le-hems Stall. Und seht, was in die - ser hoch-hei - li - gen Nacht der Va - ter im Him - mel für Freu - de uns macht.

O seht in der Krippe
im nächtlichen Stall,
seht hier bei des Lichtes
hellglänzendem Strahl,
in reinlichen Windeln das himmlische Kind
viel schöner und holder als Engel es sind.

Da liegt es, ihr Kinder,
auf Heu und auf Stroh,
Maria und Josef
betrachten es froh;
die redlichen Hirten knien betend davor,
hoch oben schwebt jubelnd der Engelein Chor.

MUSIK: J. A. P. SCHULZ, 1794
TEXT: CHRISTOPH VON SCHMID, CA. 1798.

Kling, Glöckchen, kling

Kling, Glöckchen, klin-ge- lin-ge-ling, kling, Glöckchen, kling!

Lasst mich ein, ihr Kin - der, ist so kalt der Win - ter,

öff - net mir die Tü - ren, lasst mich nicht er - frie - ren!

Kling, Glöckchen, klin-ge - lin - ge-ling, kling, Glöckchen, kling!

Kling, Glöckchen, klingelingeling,
kling, Glöckchen, kling!
Mädchen hört und Bübchen,
macht mir auf das Stübchen!
Bring euch viele Gaben,
sollt euch dran erlaben!
Kling, Glöckchen, klingelingeling,
kling, Glöckchen, kling!

Kling, Glöckchen, klingelingeling,
kling, Glöckchen, kling!
Hell erglühn die Kerzen,
öffnet mir die Herzen!
Will drin wohnen fröhlich,
frommes Kind, wie selig!
Kling, Glöckchen, klingelingeling,
kling, Glöckchen, kling!

MUSIK: VOLKSWEISE
TEXT: KARL ENSLIN

In dulci jubilo

In dul-ci ju-bi-lo, _____ nun sin-get und seid froh: _____ Un-sers Her-zens Won-ne liegt in prae-se-pi-o _____ und leuch-tet wie die Son-ne ma-tris in gre-mi-o. _____ Al - pha es et O, _____ Al - pha es et O. _____

O Jesu parvule,
nach dir ist mir so weh.
Tröst mir mein Gemüte,
o puer optime.
Durch alle deine Güte,
o princeps gloriae,
|: trahe me post te! :|

Ubi sunt gaudia?
Nirgend mehr denn da,
da die Engel singen
nova cantica,
und die Schellen klingen
in regis curia.
|: Eia, wär'n wir da! :|

Mater et filia
ist Jungfrau Maria;
wir wären gar verloren
per nostra crimina:
So hast du uns erworben
celorum gaudia.
|: Maria, hilf uns da! :|

MUSIK UND TEXT:
VOLKSLIED, ANFANG
14. JAHRHUNDERT

Kommet, ihr Hirten

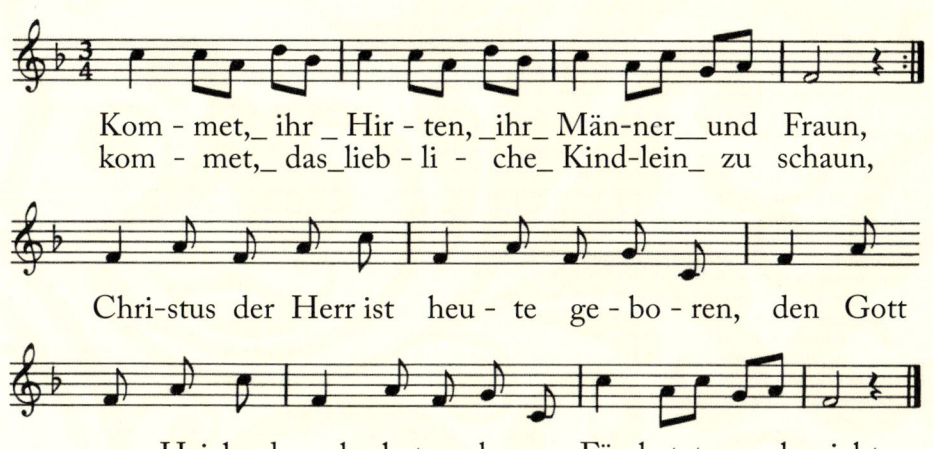

Kom - met,_ ihr _ Hir - ten, _ihr_ Män-ner__und Fraun,
kom - met,_ das_lieb - li - che_ Kind-lein_ zu schaun,

Chri-stus der Herr ist heu - te ge - bo - ren, den Gott

zum Hei-land euch hat er-ko-ren. Fürch-tet__euch nicht.

Lasset uns sehen in Bethlehems Stall,
was uns verheißen der himmlische Schall!
Was wir dort finden, lasset uns künden,
lasset uns preisen in frommen Weisen.
Halleluja!

Wahrlich, die Engel verkündigen heut
Bethlehems Hirtenvolk gar große Freud.
Nun soll es werden Friede auf Erden,
den Menschen allen ein Wohlgefallen.
Ehre sei Gott!

MUSIK: AUS BÖHMEN
TEXT: CARL RIEDEL, 1870

Leise rieselt der Schnee

Lei - se rie - selt der Schnee, still und starr liegt der See, _____ weihnacht-lich glän-zet der Wald, __ freu - e dich, Christkind kommt bald!_____

In den Herzen wird's warm,
still schweigt Kummer und Harm,
Sorge des Lebens verhallt:
Freue dich, Christkind kommt bald!

Bald ist heilige Nacht,
Chor der Engel erwacht,
hört nur, wie lieblich es schallt:
Freue dich, Christkind kommt bald!

MUSIK: VOLKSWEISE
TEXT: EDUARD EBEL

Nun singet und seid froh

Nun singet und seid froh,
Jauchzt alle und sagt so:
Unser Herzens Wonne
Liegt in der Krippe bloß
Und leuchtet als die Sonne
In seiner Mutter Schoß.
|: Du bist A und O. :|

Sohn Gottes in der Höh,
Nach dir ist mir so weh!
Tröst mir mein Gemüte,
o Kindlein zart und rein,
Durch alle deine Güte
o liebstes Jesulein!
|: Zeuch mich hin nach dir! :|

Groß ist des Vaters Huld:
Der Sohn tilgt unsre Schuld;
Wir warn all verdorben.
Durch Sünd und Eitelkeit
So hat er uns erworben
Die Ewig Himmelsfreud
|: Eia, wär'n wir da! :|

Wo ist der Freuden Ort?
Nirgends mehr denn dort,
Da die Engel singen
Mit den Heiligen all,
Und die Psalmen klingen,
Im hohen Himmelssaal
|: Eia, wär'n wir da! :|

MUSIK: KIRCHENLIED, WITTENBERG 1529
TEXT: KIRCHENLIED, HANNOVER 1646

Macht hoch die Tür

Macht hoch die Tür, die Tor___ macht weit, es
kommt der Herr der Herr - lich-keit, ein Kö - nig
al - ler Kö - nig-reich, ein Heil- land al - ler
Welt___ zugleich, der Heil und Le - ben mit_ sich bringt; der-
hal- ben jauchzt, mit Freu-den singt: Ge - lo - bet sei mein
Gott,___ mein Schöp-fer reich_ von Rat._____

Er ist gerecht, ein Helfer wert,
Sanftmütigkeit ist sein Gefährt,
Sein' Königskron' ist Heiligkeit,
sein Zepter ist Barmherzigkeit;
all uns're Not zum End' er bringt,
derhalben jauchzt, mit Freuden singt:
Gelobet sei mein Gott,
mein Heiland groß von Tat.

O wohl dem Land, o wohl der Stadt,
so diesen König bei sich hat!
Wohl allen Herzen insgemein,
da dieser König ziehet ein!
Er ist die rechte Freudensonn',
bringt mit sich lauter Freud' und Wonn'.
Gelobet sei mein Gott,
mein Tröster früh und spat.

Macht hoch die Tür, die Tor macht weit,
eu'r Herz zum Tempel zubereit't.
Die Zweiglein der Gottseligkeit
steckt auf mit Andacht, Lust und Freud';
so kommt der König auch zu euch,
ja Heil und Leben mit zugleich.
Gelobet sei mein Gott,
voll Rat, voll Tat, voll Gnad'.

Komm, o mein Heiland Jesu Christ,
meins Herzens Tür dir offen ist.
Ach, zieh mit deiner Gnade ein;
dein' Freundlichkeit auch uns erschein'.
Dein Heil'ger Geist uns führ' und leit'
Den Weg zur ew'gen Seligkeit.
Dem Namen dein, o Herr,
sei ewig Preis und Ehr.

MUSIK: FREYLINGHAUSENSCHES GESANGBUCH, 1704
TEXT: GEORG WEISSEL, 1623

Morgen kommt der Weihnachtsmann

Morgen kommt der Weihnachtsmann,
kommt mit seinen Gaben:
Trommel, Pfeifen und Gewehr,
Fahn' und Säbel und noch mehr,
ja ein ganzes Kriegesheer
möchte' ich gerne haben!

Bring uns, lieber Weihnachtsmann,
bring auch morgen, bringe:
Musketier und Grenadier,
Zottelbär und Panthertier,
Ross und Esel, Schaf und Stier,
lauter schöne Dinge!

MUSIK: FRANZÖSISCHES VOLKSLIED
TEXT: HEINRICH HOFFMANN
VON FALLERSLEBEN, UM 1840

Morgen, Kinder, wird's was geben

Mor-gen, Kin-der, wird's was ge-ben, mor - gen wer-den
wir uns freun! Welch ein Ju - bel, welch ein Le - ben
wird in un-serm Hau - se sein! Ein-mal wer - den
wir noch wach, hei - ßa, dann ist Weihnachtstag!

Wie wird dann die Stube glänzen
von der großen Lichterzahl,
schöner als bei frohen Tänzen
ein geputzter Kronensaal!
Wisst ihr noch vom vor'gen Jahr,
wie's am Weihnachtsabend war?

Wisst ihr noch mein Reiterpferdchen,
Malchens nette Schäferin?
Jettchens Küche mit dem Herdchen
und dem blank geputzten Zinn?
Heinrichs bunten Harlekin
mit der gelben Violin?

Wisst ihr noch den großen Wagen
und die schöne Jagd von Blei?
Unsre Kleiderchen zum Tragen
und die viele Näscherei?
Meinen fleiß'gen Sägemann
mit der Kugel unten dran?

Welch ein schöner Tag ist morgen!
Viele Freuden hoffen wir;
unsre lieben Eltern sorgen
lange, lange schon dafür.
O gewiss, wer sie nicht ehrt,
ist der ganzen Lust nicht wert!

MUSIK: CARL GOTTLIEB HERING, 1809
TEXT: MARTIN FRIEDRICH PHILIPP BARTSCH, 1795

O du fröhliche, o du selige

O du fröh - li - che,__ o du se - li - ge,__
gna - den - brin - gen-de Weihnachts - zeit! Welt_ ging ver-
lo - ren, Christ__ward ge - bo - ren,
freu - e,__ freu - e dich, o Chri - sten - heit!

O du fröhliche, o du selige,
gnadenbringende Weihnachtszeit!
Christ ist erschienen,
uns zu versöhnen:
Freue, freue dich, o Christenheit!

O du fröhliche, o du selige,
gnadenbringende Weihnachtszeit!
Himmlische Heere
jauchzen dir Ehre:
Freue, freue dich, o Christenheit!

MUSIK: AUS SIZILIEN (VOR 1788)
TEXT: JOHANNES DANIEL FALK, 1816
(1. STROPHE)
UND HEINRICH HOLZSCHUHER, 1829
(2. UND 3. STROPHE)

O selige Nacht

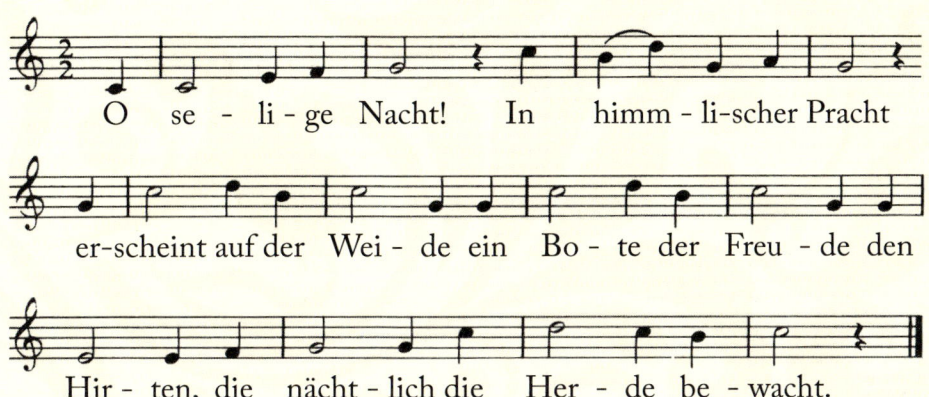

O se - li - ge Nacht! In himm - li - scher Pracht

er - scheint auf der Wei - de ein Bo - te der Freu - de den

Hir - ten, die nächt - lich die Her - de be - wacht.

Wie tröstlich er spricht:
»O fürchtet euch nicht!
Ihr waret verloren,
heut' ist euch geboren
der Heiland, der allen
das Leben verspricht.

Seht Bethlehem dort,
den glücklichen Ort!
Da werdet ihr finden,
was wir euch verkünden,
das sehnlichst erwartete
göttliche Wort.«

O tröstliche Zeit,
die alle erfreut!
Sie hebet die Schmerzen,
sie weitet die Herzen
zum Danke, zur Liebe,
zur himmlischen Freud'.

MUSIK UND TEXT:
VOLKSLIED, 1677

O Tannenbaum

O Tan-nenbaum, o Tan-nenbaum, wie grün sind dei - ne

Blät - ter! Du grünst nicht nur zur Som-mers-zeit, nein,

auch im Win - ter, wenn es schneit. O Tan - nenbaum, o

Tan - nenbaum, wie grün sind dei - ne Blät - ter!

O Tannenbaum, o Tannenbaum,
du kannst mir sehr gefallen!
Wie oft hat nicht zur Weihnachtszeit
ein Baum von dir mich hoch erfreut!
O Tannenbaum, o Tannenbaum,
du kannst mir sehr gefallen!

O Tannenbaum, o Tannenbaum,
dein Kleid will mich was lehren:
Die Hoffnung und Beständigkeit
gibt Trost und Kraft zu jeder Zeit.
O Tannenbaum, o Tannenbaum,
dein Kleid will mich was lehren.

MUSIK: VOLKSWEISE, 16. JAHRHUNDERT
TEXT: JOACHIM AUGUST ZARNACK,
1819 (1. STROPHE)
UND ERNST ANSCHÜTZ, 1824
(2. UND 3. STROPHE)

Still, still, still

Still,__still,__ still, weils Kind-lein_schla - fen_ will!

Ma - ri - a__ tut es nie-der - sin-gen, ih - re___

keu-sche Brust dar - brin - gen. Still,____ still,____

still, weils Kind - lein___ schla - fen___ will.

Schlaf, schlaf, schlaf,
mein liebes Kindlein, schlaf!
Die Engel tun schön musizieren,
vor dem Kindlein jubilieren.
Schlaf, schlaf, schlaf,
mein liebes Kindlein, schlaf!

Groß, groß, groß,
die Lieb' ist übergroß.
Gott hat den Himmelsthron verlassen
und muss reisen auf den Straßen.
Groß, groß, groß,
die Lieb' ist übergroß.

Wir, wir, wir,
wir rufen all' zu dir:
Tu uns des Himmels Reich aufschließen,
wenn wir einmal sterben müssen!
Wir, wir, wir,
wir rufen all' zu dir.

MUSIK UND TEXT: VOLKSLIED
AUS DEM SALZBURGER LAND,
19. JAHRHUNDERT

※ 237

Stille Nacht, heilige Nacht

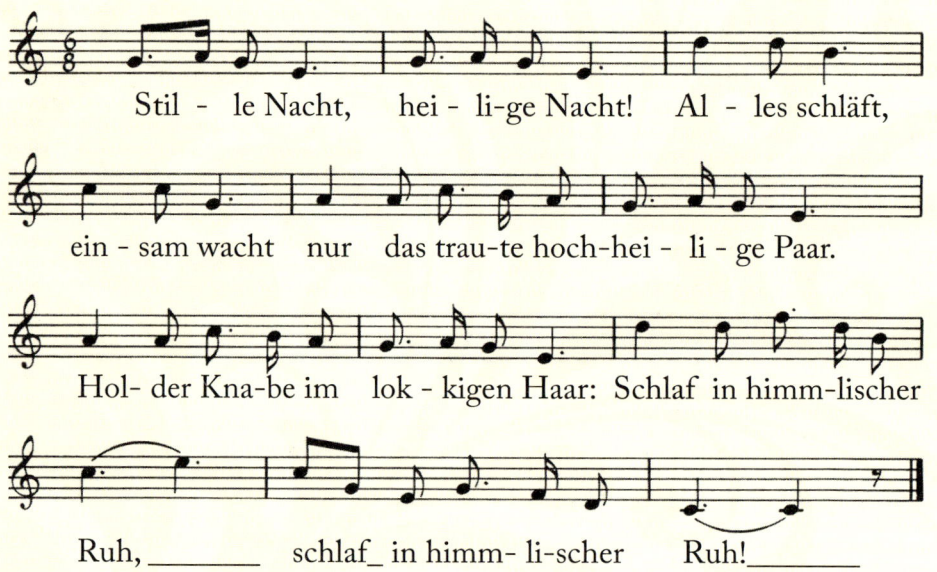

Stil - le Nacht, hei - li-ge Nacht! Al - les schläft,

ein - sam wacht nur das trau-te hoch-hei - li - ge Paar.

Hol- der Kna-be im lok - kigen Haar: Schlaf in himm-lischer

Ruh, _____ schlaf_ in himm- li-scher Ruh!_____

Stille Nacht! Heilige Nacht!
Gottes Sohn, o wie lacht
lieb' aus deinem göttlichen Mund,
da uns schlägt die rettende Stund':
Christ in deiner Geburt,
Christ in deiner Geburt.

Stille Nacht! Heilige Nacht!
Die der Welt Heil gebracht,
aus des Himmels goldenen Höh'n
uns der Gnade Fülle lässt sehn:
Christ in Menschengestalt,
Christ in Menschengestalt.

Stille Nacht! Heilige Nacht!
Wo sich heut' alle Macht
väterlicher Liebe ergoss,
und als Bruder huldvoll umschloss
Jesus die Völker der Welt,
Jesus die Völker der Welt.

Stille Nacht! Heilige Nacht!
Lange schon uns bedacht,
als der Herr, vom Grimme befreit,
in der Väter urgrauer Zeit
aller Welt Schonung verhieß,
aller Welt Schonung verhieß.

Stille Nacht, heilige Nacht,
Hirten erst kundgemacht,
durch der Engel Halleluja
tönt es laut von fern und nah:
Christ, der Retter ist da!
Christ, der Retter ist da!

MUSIK: FRANZ GRUBER, 1816
TEXT: JOSEPH MOOR, 1818

Wie das Lied »Stille Nacht« um die Welt ging

Einige Tage vor Weihnachten des Jahres 1818 bekommen der Pfarrer des Kirchleins von Oberndorf bei Salzburg, Joseph Mohr, und sein Organist Franz Xaver Gruber überein, zusammen ein geeignetes Lied für die bevorstehende Weihnachtsfeier in ihrer Kirche zu verfassen.

Pfarrer Mohr schreibt den Text und übergibt ihn seinem Freund Gruber mit der Bitte, eine dazu passende Melodie für Chor und zwei Singstimmen und dazu eventuell eine Gitarrebegleitung zu komponieren. Gruber setzt sich hin und bringt die gewünschte Melodie vollständig komponiert dem Pfarrer am Abend des Heiligen Abend in die Kirche.

Und dann ertönt dieses Lied zum ersten Mal während der Christmette am 25. Dezember 1818 in der Kirche zu Oberndorf. Mohr spielt die Melodie auf der Gitarre, singt dazu die Tenorstimme, und Gruber begleitet mit seinem Bass.

Der Kirchenchor des kleinen Kirchleins, der kaum Zeit gehabt hat, das Lied zu lernen, wiederholt jeweils die Schlußverse. Die Begeisterung ist groß, und die Oberndorfer betrachten das Lied als ihr Weihnachtslied.

Aber jahrelang bleibt es sozusagen ein Geheimnis des Dorfes. Bis etwa sechs Jahre später der Zillertaler Orgelbaumeister Karl Mauracher in Oberndorf eine neue Orgel baut und während seiner Arbeit das Lied kennenlernt. In seine Heimat zurückgekehrt, lehrt er es begeistert seinen Landsleuten.

Einem weiteren Kreis wird es erst bekannt, als die als Sänger bekannten Geschwister Strasser aus dem Zillertal das Lied in Leipzig bei einem Konzert singen. Zwei Jahre später erscheint es erstmals im Druck und erhält von dem Leipziger Verlag den Titel »Ächtes Tirolerlied«. Dabei werden weder Komponist noch Dichter genannt, und das Lied wird kurzerhand als Volkslied bezeichnet. Obwohl Franz Xaver Gruber »Stille Nacht« alljährlich in Hallein mit kleinem Orchester und Chor aufführt und das Lied auch in Salzburg in mehreren Kirchen gesungen und gespielt wird, ist es natürlich noch weit davon entfernt, ein »Volkslied« zu sein.

Das beginnt es erst um die Mitte des Jahrhunderts zu werden. Jetzt wird es in Dresden, Leipzig, Berlin, Köln und München aufgeführt. Schon etwa 1860 ist es in zahlreichen deutschen Volksliederbüchern enthalten, seine Herkunft aus Österreich kaum mehr bewusst. »Stille Nacht, heilige Nacht« ist jetzt bereits ein fester Bestandteil jeder großen und kleinen Weihnachtsfeier, ob sie in einem Dom, in einer Kapelle oder im Familienkreis stattfindet.

Doch der Siegeszug des Weihnachtsliedes ist nicht etwa auf die Länder beschränkt, in denen Deutsch gesprochen wird. Bald verschönt »Stille Nacht« die Weihnachtsfeiern in aller Welt. Es wird italienisch und spanisch, französisch und englisch, ja praktisch in allen Sprachen der Menschen gesungen, die ein christliches Weihnachtsfest feiern.

Die wenigsten Leute aber wissen, woher das Lied stammt. Anlässlich der Wiener Weltausstellung im Jahre 1873 findet man die Melodie in einem Notenbuch im amerikanischen Pavillon als »Choral of Salzburg« bezeichnet. Da die Herkunft des Liedes den meisten noch unbekannt ist, beginnt nun die Forschung nach dessen Ursprung. Der Sohn des Komponisten Franz Xaver Gruber kann anhand zahlreicher Originalhandschriften seines Vaters beweisen, dass dieser der Komponist ist. Aber alle diese Diskussionen können die Freude nicht trüben, die dieses Lied denen bereitet, die in aller Welt Weihnachten feiern.

Süßer die Glocken nie klingen

Sü - ßer die Glocken nie klin - gen, als zu der Weihnachtszeit,____ s'ist als ob En - ge - lein sin - gen
wie-der von Frie-den und Freud', ____ wie sie ge-
sun-gen in se - li - ger Nacht, wie sie ge-sun-gen in
se - li - ger Nacht. Glok - ken mit hei - li - gem
Klang,____ klin - get die Er - de ent - lang!____

Oh, wenn die Glocken erklingen,
schnell sie das Christkindlein hört,
tut sich vom Himmel dann schwingen,
eilet hernieder zur Erd'.
Segnet den Vater, die Mutter, das Kind,
segnet den Vater, die Mutter, das Kind.
Glocken mit heiligem Klang,
klinget die Erde entlang.

Klinget mit lieblichem Schalle
über die Meere so weit,
dass sich erfreuen doch alle
seliger Weihnachtszeit.
Alle aufjauchzen mit herrlichem Sang,
alle aufjauchzen mit herrlichem Sang.
Glocken mit heiligem Klang,
klinget die Erde entlang!

MUSIK: VOLKSWEISE, 1826
TEXT: FRIEDRICH WILHELM KRITZINGER,
UM 1830

Vom Himmel hoch, da komm ich her

Vom Him-mel hoch, da komm ich her, ich
bring euch gu-te neu-e Mär. Der gu-ten Mär bring
ich so viel, da-von ich sin-gen und sa-gen will.

Euch ist ein Kindlein heut gebor'n
von einer Jungfrau auserkor'n,
ein Kindelein so zart und fein,
das soll eur' Freud und Wonne sein.

Es ist der Herr Christ, unser Gott,
der will euch führ'n aus aller Not,
er will eur' Heiland selber sein,
von allen Sünden machen rein.

Er bringt euch alle Seligkeit,
die Gott der Vater hat bereit',
dass ihr mit uns im Himmelreich
sollt leben nun und ewiglich.

Des lasst uns alle fröhlich sein
und mit den Hirten geh'n hinein,
zu sehn', was Gott uns hat beschert,
mit seinem lieben Sohn verehrt.

Lob, Ehr' sei Gott im höchsten Thron,
der uns schenkt seinen einz'gen Sohn.
Des freuen sich der Engel Schar'
und singen uns solch neues Jahr.

MUSIK: SPIELMANNSWEISE
AUS DEM 15. JAHRHUNDERT
TEXT: MARTIN LUTHER, 1535

Zu Bethlehem geboren

Zu Beth-le-hem ge-bo-ren ist uns ein Kin-de-lein. Das hab ich aus-er-ko-ren, sein ei-gen will ich sein. E-ja, e-ja, sein ei-gen will ich sein.

In seine Lieb' versenken
will ich mich ganz hinab;
mein Herz will ich ihm schenken
und alles, was ich hab'.
Eja, eja, und alles, was ich hab'.

O Kindelein, von Herzen
will ich dich lieben sehr,
in Freuden und in Schmerzen
je länger und je mehr.
Eja, eja, je länger und je mehr.

Die Gnade mir doch gebe,
bitt' ich aus Herzensgrund,
dass ich allein dir lebe
jetzt und zu aller Stund'.
Eja, eja, jetzt und zu aller Stund'.

Dich, wahren Gott, ich finde
in unser'm Fleisch und Blut;
darum ich mich dann binde
an dich, mein höchstes Gut.
Eja, eja, an dich, mein höchstes Gut.

Lass mich von dir nicht scheiden,
knüpf' zu, knüpf' zu das Band
der Liebe zwischen beiden;
nimm hin mein Herz zum Pfand.
Eja, eja, nimm hin mein Herz zum Pfand!

MUSIK: VOLKSWEISE
TEXT: FRIEDRICH VON SPEE, 1637

Die schönsten Geschichten und Märchen

Ein Sternenkind besucht die Erde

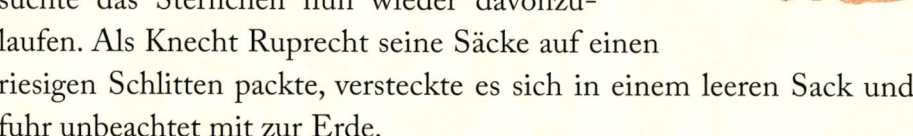

Es war einmal ein Sternchen auf der Himmelsstraße, das glitzerte und funkelte, dass es eine Lust war. Sogar der Mond, dem alle Sterne untertan sind, hatte seine helle Freude an dem blitzblanken Sternenkind. Dem Sternchen gefiel es im Himmel aber nicht mehr, es wollte die große und schöne Welt sehen. Schon einige Male hatte es versucht auszureißen, aber immer wurde es zurückgehalten. Kurz vor Weihnachten versuchte das Sternchen nun wieder davonzulaufen. Als Knecht Ruprecht seine Säcke auf einen riesigen Schlitten packte, versteckte es sich in einem leeren Sack und fuhr unbeachtet mit zur Erde.

Knecht Ruprecht begann seine Erdenreise am 6. Dezember in einem kleinen Dorf im Gebirge. Von dort fuhr sein Schlitten leicht bergab, in die einzelnen Dörfer und in die Stadt. An manchen Fensterläden pochte der bärtige Geselle, verteilte Geschenke und wenn nötig auch Hiebe. Neugierig schaute das Sternenkind aus seinem Sack und sah dem Treiben zu. Mit der Zeit wurde es ihm aber auf dem Schlitten zu langweilig. Schnell streifte es den Sack ab und lief die dunkle Dorfstraße entlang. Dort wollte gerade der alte Nachtwächter Hieronymus Brünner, bewaffnet mit Laterne und Spieß, die zehnte Stunde ansingen. Als er das Sternchen erblickte, blieb ihm vor Schreck sein Vers in der Kehle stecken. Pfeilschnell rannte das hellblinkende Sternchen in die Straße weiter zum Hirschkopf, im nahegelegenen Wald.

In der Lichtung setzte es sich zum Verschnaufen nieder und müde von der Aufregung schlief es ein. Wie ein riesiger Feuerball leuchtete das schlafende Sternchen aus dem tiefschwarzen Wald, und erschrocken standen viele Tiere von ihren Lagern auf: Meister Reinicke Fuchs, Grimmbart der Dachs, Bambi das Reh, selbst Troll, der schlanke rotbraune Rehbock, musste nach der Ursache des hellen Feuerscheins sehen. Auch die Vögel, der uralte Uhu, die sanften Wildtauben, die Tannenmeisen und die Eichelhäher, die Fasanen und die Mäusebussarde, kurz alle Waldtiere waren hellwach geworden und strömten dem Feuerschein zu.

Unter einer riesigen Tanne fanden sie schlafend das Sternenkind. Ganz vorsichtig weckte Meister Reinicke es auf: »Kleines, glitzerndes, feuriges Wunderkind, was willst du bei uns auf der Erde?« sprach er. »Dein Reich ist doch der riesige Sternenhimmel, den wir Tiere und auch die Menschen so sehr bewundern!«

Erschrocken schaute das verschlafene Sternchen mit großen Augen auf die vielen Tiere des Waldes. Zögernd trat nun Meister Lampe in den Kreis und bat das Sternenkind: »Du weißt, so mancher kleine Hase und auch manches Bambi verirrt sich in der Dunkelheit im Wald. Hilf ihnen, du kannst es. Steige jede Nacht auf die höchste Tanne unseres Waldes – und leuchte dem verirrten Tier oder dem Menschenkind nach Hause.«

Das versprach das Sternchen gerne. Jeden Abend kletterte es nunmehr auf die höchste Tanne des Waldes und half vielen Menschen- und Tierkindern, den Weg zu seinen Eltern wiederzufinden. Aber eines Nachts hatte das Sternchen keine Lust mehr, in der schwindelnden Höhe geduldig und einsam auszuharren. Es wollte wieder zu seinen Gespielen in den Sternenhimmel zurück.

Flugs kletterte es von seinem Baum und rannte Tag und Nacht durch die Wälder und Felder hinüber in den Steigerwald. »Wie komme ich wieder in den Himmel, in mein Sternenreich? Meine Gespielen und der gute alte Mond werden mich schon sehr vermissen«, überlegte sich das Sternenkind. Verzweifelt erreichte es eine riesige Höhle, in welcher der Wind hauste. Schüchtern und ängstlich betrat das Sternenkind die Höhle und bat den Wind inständig um Hilfe. »Blas mich zum Himmel hinauf geschwind!«

Verwundert über die Störung, hielt der Wind mit seinem Blasen inne und schüttelte erst einmal bedächtig sein mächtiges Haupt. Dann blies er plötzlich seine riesigen Backen so weit auf, dass sie fast platzten – und dann blies er los. Mit Donnergetöse fegte das Sternenkind aus der Höhle, es überschlug sich viele, viele Male und sauste mit Riesentempo dem Sternenhimmel entgegen.

Der gute alte Mond, der schon lange seinen Ausreißer vermisst hatte, sah von weitem schon sein verschwundenes Sternlein heranfliegen. Mit offenen Armen fing er das erschöpfte Sternenkind auf und barg es väterlich an seiner Brust. Voller Freude, aber mit Tränen in den Augen versprach das Sternenkind, nie mehr auszureißen, denn im Sternenhimmel sei es doch schöner als nachts allein im dunklen Wald.

Die sieben Tannenbäume

Weit ab von den Landstraßen und noch weiter von Dörfern und Höfen steigt ein kleiner Berg aus der weiten, braunen Heide auf. Er liegt in Einsamkeit da, und wenn auch manchmal ein Schäfer mit Hund und Heidschnucken vorbeigeht, so treiben doch gewöhnlich nur Krähen und Hasen auf ihm ihr Wesen.

Einst war's anders. Da war er nicht kahl, sondern trug auf seinem Gipfel sieben Tannenbäume, so dass man meinen möchte, er hätte sich eine dunkelgrüne Mütze über die Ohren gezogen. Und in dem Berge hauste ein Zwerg, den sie das rote Männchen hießen, weil er immer in einem feuerroten Röcklein zutage kam.

Ihm gehörten die sieben Tannenbäume, er hatte sie selbst angepflanzt, hatte sie gerichtet und gepflegt, hatte an manchem warmen Sommernachmittag aus der kühlen Tiefe des Berges Wasser getragen – und freute sich nun, dass er sie so weit gebracht hatte, dass sie sich selbst helfen konnten. Und ihm selbst mussten sie auch auf manche Art helfen. Mit ihren feinen Wurzeln hielten sie den Sand fest, dass seiner Höhlenwohnung nicht die Decke niederrieselte, sie sogen den Regen auf bis auf den letzten Tropfen, dass es nicht durchleckte, sie wehrten die Sonnenstrahlen ab, dass es ihm nicht zu heiß wurde. Jedem hatte er einen Namen gegeben: Wegweiser, Regenschirm, Sonnendach, Windbeutel, Gesangsmeister, Stiefelknecht und Spielvogel. Wegweiser war der größte und höchste und wies dem roten Männchen den Weg, wenn es über »Geest« war.

Regenschirm war am dichtesten bezweigt, unter ihm lag der Zwerg, wenn es von den Wolken tröpfelte. Sonnendach war breit geästet und musste das Männlein deshalb vor der brennenden Sonne beschützen. Windbeutel war besonders kräftig und stämmig; er stand an der äußersten Ecke und drängte den kalten, scharfen Ostwind beiseite, den der Alte nicht vertragen konnte. Gesangsmeister hatte die beweglichsten Zweige und war der lustigste von allen: Bei dem leisesten Windzug strich er mit den Nadeln über das dürre Gras und das Kraut, so dass eine herrliche Musik für Zwergenohren vernehmlich wurde, auch lud er Mücken, Grillen, Brummer, Bienen zu Gast, an hohen Festen sogar eine Meise oder einen Finken: An Gesumme und Gezirpe und Gezwitscher war kein Mangel. Stiefelknecht hatte einen krummen Stamm, den benutzte das Männlein jeden Abend beim Stiefelausziehen; es war aber Geheimnis, ob der Stamm krumm gewesen war und ob der Alte ihn deshalb zum Stiefelknecht gemacht hatte oder ob der Alte zuerst seine Stiefel an ihm ausgezogen hatte und davon die Krümmung herrührte. Spielvogel war noch zu klein und konnte noch nichts tun; er spielte wie ein Kind mit Wind und Sonne.

Es wurde nach und nach Herbst und Winter: Die Bienen flogen nicht mehr, die Grillen gingen, die Sonne saß hinter grauem Gewölk, kalt und feucht wurde es auf dem Berg und in den Tälern. Da verkroch sich das rote Männchen tief in seiner Höhle, verstopfte den Eingang mit Moos und Steinen und wartete, dass die Sonne und der schöne Sommer wiederkommen sollten. Die sieben Tannenbäume ließ es in Wind und Wetter allein und kümmerte sich nicht weiter um sie. Das einzige, was es tat, war, dass es morgens bald den einen, bald den anderen bei den Wurzeln fasste, als zöge es ein Kind an den Füßen.

»Bäumchen mein: Sonnenschein?« fragte es dann, und antwortete das Bäumchen wahrheitsgetreu: »Zwerglein, nein!« so legte es sich auf sein Bett von Heidekraut und verschlief den Tag wie ein Murmeltier. So ging es wochenlang, da riss es wieder an den Wurzeln, um zu wissen, was für Wetter sei – und bekam mit einem Mal keine Antwort mehr. Es zog stärker, ja, es ließ sich an den Wurzeln baumeln, es fragte mit grässlich lauter Stimme: »Bäumchen mein: Sonnenschein?« aber es antwortete ihm niemand. Sehr erbost, aber auch ein bisschen besorgt, stieß es die Tür auf – o weh, wie erschrak es! –, alle sieben Tannenbäume waren verschwunden.

Nur Stammstümpfe standen da – der Berg war kahl wie ein Pfannkuchen! Da lief das Männchen umher, als wüsste es nicht, was es tun sollte, guckte herum, schlug die Hände zusammen, rief, fragte, weinte und grämte sich um seine Tannenbäume. Die Hasen kamen angehüpft und erzählten ihm von den großen Menschen, die gekommen wären, am hellen Mittag, und die Bäume abgesägt hätten; auf einen großen Wagen hätten sie sie geworfen, und im Trab seien sie mit ihnen weggefahren.

Die Krähen kamen geflogen und wollten trösten. Aber das rote Männchen wollte keinen Trost, es wollte seine Bäume wiederhaben. Es wollte in die Welt hinein und sie suchen. »Du findest sie nicht«, sagten die Krähen, »die Welt ist zu groß.« Das Männlein jammerte wieder. Da nahmen die Krähen all ihren Verstand zusammen und dachten nach, wie sie ihm helfen könnten, und wirklich – sie fanden es. »Wenn der Mond aufgeht«, sagten sie, »wollen wir ihn bitten, dass er sich zum Spiegel der Welt mache. Dann guckst du hinauf und suchst deine Tannenbäume.«

Das war dem Männchen eine willkommene Botschaft, und da es noch nicht dämmerte, lud es die Krähen zu Gast und setzte ihnen Buchweizengrütze, Honig und Brot vor; darüber fielen die hungrigen Brüder mit heißen Schnäbeln her. Als sie noch so saßen und von ihren Reisen erzählten, da guckte der Mond groß und rötlich über die Geest. »Fangt an!« rief das Männchen; aber die Krähen beschwichtigten es: Sie müssten noch warten, damit die Spiegelung besser werde. Endlich, nach langem Warten, war es soweit. Der Mond stand groß und klar über demHeiderand. Rauschend flogen die Krähen auf und krächzten oben in der Luft: »Blanker, gelber Mond anheben, spiegle alles Erdenleben!«

Mehrmals und durcheinander schrien sie – das Männlein fürchtete schon, sie möchten es genarrt haben. Plötzlich fielen sie lautlos in das dürre Kraut nieder, und sieh: der Mond wurde größer und größer, leuchtete taghell auf, und wie in einem Spiegel zeigte sich auf ihm die

Welt mit allem, was darin war: Wasser und Berge, Städte und Wälder, Häuser und Menschen und Bäume, alles war deutlich zu erkennen. Das rote Männchen machte große Augen und suchte. Dann wies es mit beiden Händen nach einer Gegend.

»Was für eine große Stadt ist das?« rief es zitternd.

»Hamburg«, gaben die Krähen leise zur Antwort.

»Da sind alle sieben, alle meine Tannenbäume!« rief es wieder. »Ich sehe sie alle: Wegweiser in einer großen Kirche, Regenschirm in einem prächtigen Herrenhaus, Sonnendach vor einer Dombude, Windbeutel in einer kleinen Stube, Gesangsmeister in einer armseligen Dachkammer, Stiefelknecht an der Straßenecke, Spielvogel oben auf dem Schiffsmast. Oh – wie müssen sie sich nach mir und dem Berg zurücksehnen, wie mögen sie jammern! Ich will nach Hamburg und sie holen. Oh – bringt mich nach Hamburg! Hasen und Krähen, liebe Freunde, helft mir!«

Das wollten sie. Das Männchen machte sich reisefertig, zog Handschuhe an, setzte sich auf den Hasen, hielt sich an dessen langen Ohren fest – und hast du nicht gesehen? – gings über die Geestberge, dass die Heide wackelte. Als sie aber unter die Lichter von Hamburg gerieten, warf das Hasenross den Reitersmann ab und trabte angstbeklommen nach Hause zurück. Das Männchen schwang sich kurzgefasst auf den breiten Rücken der größten Krähe und ließ sich über die Elbe nach dem glänzenden, funkelnden Hamburg tragen. Wohl erschrak es über die Maßen vor den hohen Türmen und den gewaltigen Häusern, wohl entsetzte es sich vor dem vielen Licht und vor den Tausenden von Menschen und hielt sich krampfhaft an den Nackenfedern der Krähe fest, um nicht auf die krabbelnd vollen Straßen zu stürzen – aber die Sorge um seine sieben Tannenbäume hielt ihm den Kopf oben.

Auf dem Kirchendach landete das Rabenschifflein seinen Fahrgast, der sich am Blitzableiter hinabgleiten ließ und durch eine Luftröhre in die Kirche stieg.

Vor all der Helle und Pracht konnte er kaum die Augen offen halten. Orgelton und Gesang durchbrausten den Raum, in dem kein unbesetzter Platz vorhanden war. Neben dem Altar stand ein großer, hoher Tannenbaum, über und über mit Lichtern bedeckt: Es war der Wegweiser. Das Männchen erkannte ihn und schlich sich unter den Bänken entlang zu ihm. »Armer Wegweiser!« schluchzte es.

Der große Baum aber schüttelte leise die Krone, dass die Lichter flackerten: »Arm?« fragte er, »ich bin nicht arm, ich bin der schönste Baum auf der Erde, ich bin der Weihnachtsbaum. Sieh meine Pracht und mein Leuchten!«

»Ist nur ein Traum, armer Wegweiser, nur ein Traum. Wenn du erwachst, sind deine Lichter erloschen und du liegst vergessen im Winkel. Und stirbst. Komm mit auf den Berg, eh es zu spät ist.«

Der Baum rüttelte wieder seine Krone: »Ich weise andere Wege«, flüsterte er wie im Traum, »Wege zu Gott, Wege zur Freude, Wege zum Kinderland. Ich bin beglückt, wenn ich nur zwei Kinderaugen glänzen machen kann. Und hier glänzen tausend. Musst mir mein Glück schon gönnen, rotes Männchen, und mich stehen lassen.«

Brausend erscholl Orgelton. »Und deine sechs Brüder?« fragte das Männchen.

»Die sind alle Weihnachtsbäume geworden«, sagte der Wegweiser, »tragen Lichter und Nüsse und Äpfel, erfreuen arm und reich, großes und kleines Volk. Um sie klingen Weihnachtslieder, und alle Kinder lachen. Keiner geht zurück in den Wald. Einen Abend Weihnachtslichter tragen ist die Sehnsucht aller Tannenbäume. Ist die erfüllt, dann verdorren sie gern. O Weihnacht!«

Als der Baum so gesprochen hatte, sah das Männchen ein, dass es ihn nicht überreden konnte. »Weihnachten und die Menschen sind dir in die Krone gefahren«, sagte es und stahl sich hinaus. Die Krähe wetzte ihren Schnabel auf dem Dach, das Männchen bestieg den Rücken, und weiter ging es. Zu Regenschirm, der über und über mit Gold und Silber bedeckt war und sich nach der Musik um sich selbst drehte wie ein junges Mädchen im Tanzsaal. Zu Sonnendach, das mit elektrischen Glühlampen besteckt von dem Karussell auf den Schwarm der Dombesucher herableuchtete. Zu Windbeutel, der spärlich behängt eine kleine Arbeiterwohnung erhellte. Zu Gesangsmeister, der in der Dachkammer

stand, ein einziges Licht und einen Hering trug; ein grauer Kater saß daneben und wollte sich an den Hering machen, aber jedes Mal stach Gesangsmeister ihn mit den Nadeln, dass er miauschreiend zurückspringen musste.

Alle vier bat das rote Männchen, aber alle antworteten ebenso wie ihr großer Bruder; sie waren glücklich, Weihnachtsbäume geworden zu sein, und dachten nicht daran, wieder nach dem kalten, dunklen Berg zu wandern. Nicht einmal einen Gruß an die braune Heide hatten sie aufzutragen, und mochte das Männlein sie treulos und undankbar schelten, sie spiegelten sich im Schein ihrer Lichter und lachten wie Kinder.

Traurig schwebte der Zwerg wieder durch die Luft, bis er vor Stiefelknecht stand. Der lag auf einem großen, dunklen Platz in einem Haufen anderer Tannenbäume. Wegen seines alten Fußleidens hatte ihn niemand kaufen wollen. »Deinen Brüdern will ich es gar nicht mal so sehr verdenken«, sagte der Alte zu ihm, »sie tragen Lichter und sind Weihnachtsbäume – aber du bist keiner.«

»Doch – ich bin ein Weihnachtsbaum, so gut wie die andern«, sagte Stiefelknecht, »der schönste Baum auf Erden. Ich sehe viele glückliche Menschen vorbeigehen: Ist das nicht Glück genug? Und vielleicht, nein, gewiss kommt heute abend, ganz spät, noch jemand und nimmt mich mit, steckt mir Lichter an und schmückt mich. Nach der Heide will ich nicht zurück.«

Das Zwerglein bat und bat, aber Stiefelknecht sah den Kindern nach, die jubelnd vorbeistürmten, und hörte nichts. Da ging es wieder zu seinem schwarzen Rösslein und ließ sich nach dem Hafen fliegen. Der Spielvogel, an dem sein Herz am meisten hing, würde ihm treu bleiben, das hoffte er von seinem Lieblingsbäumchen. Aber am Hafen war kein Spielvogel mehr zu entdecken. Das Schiff wäre schon in See gegangen, erfuhr die Krähe von einigen weitläufigen Verwandten, weißen Möwen, die über dem Wasser schwebten. »Dann seewärts«, befahl das rote Männchen.

Die Krähe flog westwärts über Wasser und Deiche und Schiffsmasten hin, aber als sie bis Cuxhaven gekommen war, setzte sie sich nieder, denn auf die große, endlose See zu fliegen, getraute sie sich nicht. Doch rief sie eine große Seemöwe herbei, die breitete ihre weißen Schwingen und trug das Männchen stolz und schnell über das dunkle, schäumende Meer, bis weit hinter Helgoland. Da tauchte ein einsames Schiff in den Wogen auf und ab und wurde von einer Seite nach der anderen geworfen. Der Wind blies gewaltig in die großen, braunen Segel. Auf dem Topp, der höchsten Spitze des Großmastes, tanzte ein kleines Tannenbäumchen im schneidenden Wind auf und ab: Das war Spielvogel. Er lachte hellauf und schüttelte die Zweiglein vor Lust, wenn eine Sprühwelle zu ihm heraufspritzte. Und guckte einer der Matrosen zu ihm hinauf, so nickte er ihm freudig zu.

»Armer Spielvogel.«

»He, he, Männlein klein, bist du's?« rief Spielvogel. »Hier ist es lustig, nicht?«

»Komm mit nach der Geest.«

»Nein, nein, nein! Ich bin nun ein Weihnachtsbaum, der schönste Baum auf Erden. Und was kann schöner sein, als Weihnachten auf See. Grüß die Heide! Ich muss singen!« Und Spielvogel sang, so laut er konnte, dass die Matrosen mitsingen mussten und Träume von Land und Licht träumten.

Da sah das rote Männchen ein, dass es seine sieben Tannenbäume verloren hatte, es dachte daran, dass es nun ohne Wegweiser über die Geest irren müsse, dass niemand mehr da sei, der es vor Regen, Sonne und Wind beschützen könne, der ihm vorsinge, der ihm beim Stiefel-lausziehen helfe, der es durch sein Kinderspiel erfreue – der Berg war so kahl, Regen drang in seine Wohnung –, armes Männchen! Mit einem Mal breitete es die Arme aus, rutschte von den Möwenflügeln und stürzte sich in das dunkle Wasser hinab. Seit jener Nacht schwimmt ein seltsamer, leuchtender Fisch in der See. Die Fischer nennen ihn das Petermännchen und halten es für etwas Besonderes, wenn sie ihn fangen.

GORCH FOCK

Da stand das Kind am Wege

Weihnachtabend kam heran. – Es war noch nachmittags, als Reinhard mit andern Studenten im Ratskeller am alten Eichentisch zusammen saß. Die Lampen an den Wänden waren angezündet, denn hier unten dämmerte es schon; aber die Gäste waren sparsam versammelt, die Kellner lehnten müßig an den Mauerpfeilern. In einem Winkel des Gewölbes saßen ein Geigenspieler und ein Zithermädchen mit seinen zigeunerhaften Zügen; sie hatten ihre Instrumente auf dem Schoße liegen und schienen teilnahmslos vor sich hin zu sehen. Am Studententische knallte ein Champagnerpfropfen. »Trinke, mein böhmisch Liebchen!« rief ein junger Mann von junkerhaftem Äußerem, indem er ein volles Glas zu dem Mädchen hinüberreichte.

»Ich mag nicht«, sagte sie, ohne ihre Stellung zu verändern.

»So singe!« rief der Junker und warf ihr eine Silbermünze in den Schoß. Das Mädchen strich sich langsam mit den Fingern durch ihr schwarzes Haar, während der Geigenspieler ihr ins Ohr flüsterte: aber sie warf den Kopf zurück und stützte das Kinn auf ihre Zither. »Für den spiel' ich nicht«, sagte sie.

Reinhard sprang mit dem Glase in der Hand auf und stellte sich vor sie.

»Was willst du?« fragte sie trotzig.

»Deine Augen sehen.«

»Was gehen dich meine Augen an?«

Reinhard sah funkelnd auf sie nieder. »Ich weiß wohl, sie sind falsch!« – Sie legte ihre Wange in die flache Hand und sah ihn lauernd an. Reinhard hob sein Glas an den Mund. »Auf deine schönen, sündhaften Augen!« sagte er und trank.

Sie lachte und warf den Kopf herum. »Gib!« sagte sie, und indem sie ihre schwarzen Augen in die seinen heftete, trank sie langsam den Rest. Dann griff sie einen Dreiklang und sang mit tiefer, leidenschaftlicher Stimme:

> Heute, nur heute bin ich so schön;
> morgen, ach morgen muss alles vergehn!
>
> Nur diese Stunde bist du noch mein;
> sterben, ach sterben soll ich allein.

Während der Geigenspieler mit raschem Tempo das Nachspiel einsetzte, gesellte sich noch ein Ankömmling zu der Gruppe.

»Ich wollte dich abholen, Reinhard«, sagte er. »Du warst schon fort; aber das Christkind war bei dir eingekehrt.«

»Das Christkind?« sagte Reinhard. »Das kommt nicht mehr zu mir.«

»Ei was! Dein ganzes Zimmer roch nach Tannenbaum und braunen Kuchen.«

Reinhard setzte das Glas aus der Hand und griff nach seiner Mütze.

»Was willst du?« fragte das Mädchen.

»Ich komme schon wieder.«

Sie runzelte die Stirn. »Bleib!« rief sie leise und sah ihn vertraulich an.

Reinhard zögerte. »Ich kann nicht«, sagte er.

Sie stieß ihn lachend mit der Fußspitze. »Geh!« sagte sie. »Du taugst nichts; ihr taugt alle miteinander nichts.« Und während sie sich abwandte, stieg Reinhard langsam die Kellertreppe hinauf.

Draußen auf der Straße war es tiefe Dämmerung; er fühlte die frische Winterluft an seiner heißen Stirn. Hie und da fiel der helle Schein eines brennenden

Tannenbaums aus den Fenstern, dann und wann hörte man von drinnen das Geräusch von kleinen Pfeifen und Blechtrompeten und dazwischen jubelnde Kinderstimmen. Scharen von Bettelkindern gingen von Haus zu Haus oder stiegen auf die Treppengeländer und suchten durch die Fenster einen Blick in die versagte Herrlichkeit zu gewinnen. Mitunter wurde auch eine Tür plötzlich aufgerissen, und scheltende Stimmen trieben einen ganzen Schwarm solcher kleinen Gäste aus dem hellen Hause auf die dunkle Gasse hinaus; anderswo wurde auf dem Hausflur ein altes Weihnachtslied gesungen; es waren klare Mädchenstimmen darunter. Reinhard hörte sie nicht, er ging rasch an allem vorüber, aus einer Straße in die andere. Als er an seine Wohnung gekommen, war es fast völlig dunkel geworden; er stolperte die Treppe hinauf und trat in seine Stube. Ein süßer Duft schlug ihm entgegen; das heimelte ihn an, das roch wie zu Haus der Mutter Weihnachtsstube. Mit zitternder Hand zündete er sein Licht an ; da lag ein großes Paket auf dem Tisch, und als er es öffnete, fielen die wohl bekannten braunen Festkuchen heraus; auf einigen waren die Anfangsbuchstaben seines Namens in Zucker ausgestreut; das konnte niemand anders als Elisabeth getan haben. Dann kam ein Päckchen mit feiner, gestickter Wäsche zum Vorschein, Tücher und Manschetten, zuletzt Briefe von der Mutter und von Elisabeth. Reinhard öffnete zuerst den letzteren; Elisabeth schrieb:

»Die schönen Zuckerbuchstaben können Dir wohl erzählen, wer bei Kuchen mit geholfen hat; dieselbe Person hat die Manschetten für Dich gestickt. Bei uns wird es nun Weihnachtabend sehr still werden; Mutter stellt immer schon um zehn ihr Spinnrad in die Ecke; gar so einsam diesen Winter, wo Du nicht hier bist. Nun ist auch vorigen Sonntag der Hänfling gestorben, den Du mir geschenkt hattest; ich habe sehr geweint, aber ich hab' ihn doch immer gut gewartet. Der sang sonst immer nachmittags, wenn die Sonne auf sein Bauer schien; Du weißt, die Mutter hängte oft ein Tuch über, um ihn zum Schweigen zu bringen, wenn er so recht aus Kräften sang. Da ist es nun noch stiller in der

Kammer, nur dass Dein alter Freund Erich uns jetzt mitunter besucht. Du sagtest einmal, er sähe seinem braunen Überrock ähnlich. Daran muss ich nun immer denken, wenn er zur Tür hereinkommt, und er ist gar zu komisch; sag es aber nicht zur Mutter, sie wird dann leicht verdrießlich. – Rat, was ich Deiner Mutter zu Weihnachten schenke! Du rätst es nicht? Mich selber! Der Erich zeichnet mich in schwarzer Kreide; ich habe ihm schon dreimal sitzen müssen, jedesmal eine ganze Stunde. Es war mir recht zuwider, dass der fremde Mensch mein Gesicht so auswendig lernte. Ich wollte auch nicht, aber die Mutter redete mir zu; sie sagte: es würde der guten Frau Werner eine gar große Freude machen. Aber Du hältst nicht Wort, Reinhard. Du hast keine Märchen geschickt. Ich habe Dich oft bei Deiner Mutter verklagt; sie sagt dann immer, Du habest jetzt mehr zu tun als solche Kindereien. Ich glaub' es aber nicht; es ist wohl anders.«

Nun las Reinhard auch den Brief seiner Mutter, und als er beide Briefe gelesen und langsam wieder zusammengefaltet und weggelegt hatte, überfiel ihn unerbittliches Heimweh. Er ging eine Zeitlang in seinem Zimmer auf und nieder; er sprach leise und dann halbverständlich zu sich selbst:

Er wäre fast verirret und wusste nicht hinaus;
da stand das Kind am Wege und winkte ihm nach Haus!

Dann trat er an sein Pult, nahm einiges Geld heraus und ging wieder auf die Straße hinab. – Hier war es mittlerweile stiller geworden; die Weihnachtsbäume waren ausgebrannt, die Umzüge der Kinder hatten aufgehört. Der Wind fegte durch die einsamen Straßen; Alte und Junge saßen in ihren Häusern familienweise zusammen; der zweite Abschnitt des Weihnachtabends hatte begonnen.

Als Reinhard in die Nähe des Ratskellers kam, hörte er aus der Tiefe herauf Geigenstriche und den Gesang des Zithermädchens; nun klingelte unten die Kellertür, und eine dunkle Gestalt schwankte die breite, matt erleuchtete Treppe herauf. Reinhard trat in den Häuserschatten und ging dann rasch vorüber. Nach einer Weile erreichte er den erleuchteten Laden eines Juweliers; und, nachdem er hier ein kleines Kreuz von roten Korallen eingehandelt hatte, ging er auf demselben Wege, den er gekommen war, wieder zurück.

Nicht weit von seiner Wohnung bemerkte er ein kleines, in klägliche Lumpen gehülltes Mädchen an einer hohen Haustür stehen, in vergeblicher Bemühung, sie zu öffnen. »Soll ich dir helfen?« sagte er. Das Kind erwiderte nichts, ließ aber die schwere Türklinke fahren. Reinhard hatte schon die Tür geöffnet. »Nein«, sagte er, »sie könnten dich hinausjagen; komm mit mir! Ich will dir Weihnachtskuchen geben« Dann machte er die Tür wieder zu und fasste das kleine Mädchen an der Hand, das stillschweigend mit ihm in seine Wohnung ging.

Er hatte das Licht beim Weggehen brennen lassen. »Hier hast du Kuchen«, sagte er und gab ihr die Hälfte seines ganzen Schatzes in die Schürze, nur keine mit Zuckerbuchstaben. »Nun geh nach Hause und gib deiner Mutter auch davon.« Das Kind sah mit einem scheuen Blick zu ihm hinauf; es schien solcher Freundlichkeit ungewohnt und nichts darauf erwidern zu können. Reinhard machte die Tür auf und leuchtete

ihr, und nun flog die Kleine wie ein Vogel mit ihren Kuchen die Treppe hinab und zum Hause hinaus.

Reinhard schürte das Feuer in seinem Ofen an und stellte das bestaubte Tintenfass auf seinen Tisch: dann setzte er sich hin und schrieb und schrieb die ganze Nacht Briefe an seine Mutter, an Elisabeth. Der Rest der Weihnachtskuchen lag unberührt neben ihm; aber die Manschetten von Elisabeth hatte er angeknöpft, was sich gar wunderlich zu seinem weißen Flauschrock ausnahm. So saß er noch, als die Wintersonne auf die gefrorenen Fensterscheiben fiel und ihm gegenüber im Spiegel ein blasses, ernstes Antlitz zeigte.

THEODOR STORM
Immensee

Die Geschichte
vom Tannenbäumchen

Tante Luise«, sagte am andern Abend Mathildchen, »was erzählst du uns denn heute für eine Geschichte? Weißt du denn noch etwas?«

»Ja, freilich weiß ich noch etwas, hört mir nur zu!«

»Ach, Tante,« sagte das Mathildchen wieder, »es dauert doch gar zu lange, bis das Christkind kommt, ich kann es kaum mehr aushalten und werde ganz ungeduldig.«

»Ungeduldig!? Das musst du dir vergehen lassen. Höre nur, wie geduldig das Tannenbäumchen war und wie es stille wartete, bis seine Zeit kam. Denn die Geschichte, die ich heute erzähle, kommt in unserm Garten vor!«

Die Kinder stützten ihre kleinen, runden Ellenbogen auf der Tante Knie, und sie begann: »Es war einmal ein schöner, großer Garten, in dem standen eine Menge Bäume, welche alle die herrlichsten Früchte trugen. Auf dem einen wuchsen Kirschen, auf dem andern Birnen, auf dem dritten Äpfel und so fort, aber bei allen gab es etwas zu naschen vom Frühjahr bis zum Herbst, und die Kinder, die in dem Garten wohnten, hatten die Bäume sehr lieb.

Nun war es wieder einmal Frühling, und der Garten stand da in seinem schönsten Schmucke. Die Kirschbäume waren anzusehen, als wären sie mit Zucker bestreut, die Pfirsiche hatten rosenrote Blüten wie der Abendhimmel, und die Apfelbäume waren mit weißen Röslein ganz überschüttet.

Da war kein Strauch und kein Bäumchen, wenn auch noch so klein, welches nicht eine Blütenflocke oder ein lichtes, saftgrünes Blättchen aufzuweisen hatte; und wenn dann die liebe Sonne so drüberhin schien, war der Garten gar lieblich anzusehen. Aber mitten drinnen in all der Pracht stand ein kleiner Baum, für den schien kein Frühling gekommen zu sein, denn starr und dunkelgrün streckten seine Nadeln sich hinaus, und auch nicht die kleinste weiße oder rote Blüte war daran zu sehen.

Das Bäumlein aber war trotz seiner Armut ganz zufrieden und beklagte sich nicht, und kam manchmal im Vorüberfliegen ein Vöglein seinem Wipfel nahe und ruhte sich darauf aus, so freute es sich wie die andern Bäume an dessen Gezwitscher und dachte nicht daran, wie unscheinbar es neben ihnen aussah.

Aber das ärgerte die schön geputzten Bäume, und ein hochmütiger Kirschbaum fing auf einmal an und sprach: ›Es ist doch ein rechtes Glück, wenn man hübsch aussieht und auch zu etwas gut ist in der Welt! Was habe ich jetzt für feine, weiße Blüten, und wenn diese abgefallen sind, dann kommen die frischen grünen Blätter und zuletzt die prächtigen roten Kirschen, an denen die kleinen und großen Leute ihr Vergnügen haben. Ach, wie froh ich bin, dass ich nicht so ein einfältiger Tannenbaum geworden bin, wie derjenige hier neben mir, der doch zu nichts auf der Welt gut ist, als uns den Platz zu versperren!‹

›Du hast recht‹, rief ein stattlicher Birnbaum, ›dein Nachbar ist mehr als überflüssig im Vergleich mit uns. Von meinen saftigen Birnen will ich noch gar nicht reden, aber welchen prächtigen Schatten gebe ich in der Hitze den lieben Kindern, die sich auf der Bank unter meinem Blätterdache ausruhen. Nicht einmal vor der Sonne vermag der einfältige Tannenbaum zu schützen.‹

›Ja, ja‹, fing nun ein dicker Apfelbaum an, ›mit uns kann sich der arme Tropf freilich nicht messen. Was mich aber am meisten verdrießt, ist, dass man die langen Zapfen, welche der Herbstwind von ihm herunterschüttelt, und die weder für Mensch noch Tier genießbar sind, Tannäpfel nennt, als ob sie auch nur die entfernteste Ähnlichkeit mit meinen schmackhaften Früchten hätten; es ist wirklich zu arg!‹

Dabei schüttelte der alte Herr sein Haupt so gewaltig, dass dicke Blütenflocken zur Erde fielen und einzelne an den Nadeln des armen Tannenbäumchens hängen blieben.

›Seht, wie er sich jetzt auch noch mit fremden Federn schmückt!‹ schrie ein naseweiser junger Pflaumenbaum, ›der Unverschämte, er glaubt, weil er spitze Nadeln habe, dürfe er uns allen trotzen!‹

Und nun fingen alle Bäume zugleich an, auf die arme Tanne zu schelten, und lobten dabei unaufhörlich ihre eigenen Früchte sowie den Nutzen, den diese brächten. Selbst die Johannis- und Stachelbeerbüsche blieben nicht still, und niemand wollte dem bescheidnen Tannenbäumchen das mindeste Gut zuerkennen.

Drüben über dem Bach war ein Wald voll schöne Buchen und Eichen; auch diese fingen an mitzuspotten und sich hervorzutun. Eine dicke Buche überschrie zuletzt alle und rief: ›Wenn wir auch keine so süßen Früchte tragen wie der liebe Kirschbaum und der vortreffliche Apfelbaum, so sind wir doch gleichfalls von dem allergrößten Nutzen. Im Sommer geben wir kühlen, prächtigen Schatten, und im Winter heizen wir die Zimmer ein, wenn es draußen stürmt und schneit, denn wir haben gutes, festes Holz, aber selbst das Holz der hässlichen Tanne ist elendes Zeug, macht schwarz und rußig und gibt keine Wärme. Nebenbei sind unsere kleinen Früchte auch gar nicht zu verachten; die Bucheln glänzen zwar nicht durch äußere Schönheit, aber man presst gutes, fettes Öl daraus, in dem man Pfannenkuchen und Kräppeln backen kann, die sehr gut zu den gekochten Kirschen und Pflaumen schmecken!‹

›Nun, bist du bald fertig?‹ fing eine Eiche neben ihr an, ›du tust, als ob du der erste Baum im Walde wärest. Mich lasse reden. Ich bin die deutsche Eiche und ein poetischer Baum. Wo es irgendein Fest gibt, macht man aus meinen Blättern Kränze, ich komme in Millionen Gedichten vor, und mein Laub ist überall Vorbild für Stickereien in Gold,

Seide und Perlen. Was nun den Nutzen betrifft, so ist der meinige ohne Widerrede der bedeutendste. Mit meinen Eicheln mästet man Schweine, und es gibt verständige Leute genug, die lieber ein gutes Stück Schweinebraten essen, als Kirschen und Birnen und wie all das süße, kraftlose Zeug heißt, mit dem ihr so gewaltig groß tut!‹ Nachdem die Eiche dies gesprochen hatte, fächelte sie sich mit ihren Zweigen, hob stolz den Wipfel empor und sah sich um, als wolle sie fragen: ›Wagt es noch jemand etwas zu sagen?‹

Wahrhaftig, die deutsche Eiche hatte mehr Mut als gewöhnlich ein deutscher Mensch. Die andern Bäume blieben auch ganz still, und keiner muckste, bis endlich eine schlanke, grüne Linde sich zu regen begann und leise säuselte: ›Ei, ei, ihr lieben Freunde! Am Ende bin ich doch noch die wichtigste von euch allen, wenn meine Blüte auch sehr klein und unscheinbar und fast nur durch ihren süßen Duft bemerkbar ist. Aber man bereitet guten heilenden Tee daraus, und haben die kleinen Leute zuviel von dem guten Obst gegessen und davon Leibschmerzen bekommen, und sind die großen zu lange unter den Buchen und Eichen herumgeschwärmt, so dass sie sich den Schnupfen geholt, dann muss sie dieser Trank gesund machen, damit sie wieder von vorn anfangen können.«

Als die kluge Linde schwieg, nickten die andern Bäume und lachten, denn sie waren der schönen Linde alle gut, nur die Eiche brummte etwas in sich hinein von ›dumm und albern‹; aber sonst blieb alles ruhig.

Das arme Tannenbäumchen hatte die ganze Zeit über zitternd und schweigend dagestanden, doch nun suchte es die allgemeine Stille zu

benutzen, um auch ein Wörtchen zu seiner Verteidigung zu sagen. Ganz leise und schüchtern fing es an: ›Ach, ihr lieben Bäume, ich weiß wohl, dass ihr mich als den schlechtesten von euch allen betrachtet, aber so ganz nutzlos und überflüssig bin ich doch auch nicht, wenn ich auch weniger schön geschmückt bin als ihr. Aus meinem Holze kann man Häuser und Schiffe bauen, und mit den Tannenzapfen machen die Leute ihr Feuer an, auch‹

›Ha! ha! ha!‹ schallte es da aus allen Ecken und Enden, ›ha, ha, ha! hört doch das dumme Ding; wenn es nur lieber ganz geschwiegen hätte! Mit Hobelspänen kann man auch Feuer anmachen, als ob das ein Verdienst wäre! Ha, ha, ha!‹

Und die Bäume bogen und neigten sich und wollten sich halbtotlachen, und der dicke Apfelbaum verlor noch manche weiße Blüte in seiner großen Lustigkeit. Endlich ging die Sonne unter; die Vöglein suchten ihr grünes Quartier auf und wollten ihre Ruhe haben; so wurden die Schwätzer denn stiller und stiller, und als der silberne Mond langsam heraufstieg, lag alles im tiefsten Schweigen.

Nur ein Baum konnte nicht ruhen und schlafen, das war das Tannenbäumchen. Es war so betrübt, dass es gern bittre Tränen vergossen hätte, wenn es ein Mensch und kein Baum gewesen wäre. Ach, es konnte sich gar nicht zufrieden geben und wünschte sich auch weiche, flatternde Blätter und süße Früchte, damit es von niemand mehr verspottet werden dürfe. Wie es nun so dastand in seiner Betrübnis, ward es auf einmal vor ihm ganz helle und licht, und wie aus der Erde gewachsen schwebte über dem grünen Rasen ein wunderschöner Engel. Er hatte ein langes, schneeweißes Gewand, weiße Flügel an den Schultern, auf dem Kopfe trug er einen Kranz von den schönsten Rosen, und darüber hing ein langer Schleier, der glänzte wie gesponnenes Silber.

Na, könnt ihr euch wohl denken, wer der schöne Engel gewesen? Natürlich war es niemand sonst als unser liebes Christkind, welches alles mitangehört und angesehen – wie es auch immer sieht, ob ein Kind lieb oder unartig ist. Das arme, bescheidne Tannenbäumchen tat ihm in tiefster Seele leid, und darum kam es jetzt zu ihm geflogen und sagte mit seiner süßen Stimme: ›Tannenbäumchen, was fehlt dir denn?‹

Aber das Bäumchen konnte nicht antworten, es war zu betrübt und auch zu erschreckt von dem hellen Glanz und Christkindchens Anblick; es schüttelte nur leise den Wipfel, da fuhr Christkindchen fort: ›Tannenbäumchen, ich weiß es recht gut, was dir fehlt; die bösen Bäume hier haben dich ausgelacht, weil du nicht so schön bist wie sie. Aber warte nur, bald sollst du schöner sein als sie alle. Wenn der Winter kommt und Schnee und Eis auf der Erde liegt und all die Bäume hier kahl und entlaubt stehen, dann sollst du süßere und buntere Früchte tragen als Kirschen, Birnen und Äpfel, und die Kinder werden sich mehr über dich freuen und dich lieber haben als alle andern Bäume auf der Welt!‹

Nachdem das Christkind dies gesagt, war es geradeso schnell wieder verschwunden als es gekommen, und nur der liebe, alte Mond warf noch silberne Strahlen auf die stille Welt.

So vergingen Sommer und Herbst, die Bäume hatten nach und nach alle ihre Früchte hergegeben, und der Winter kam mit raschen Schritten heran. Wohl hatten sie noch manchmal das Tannenbäumchen ausgespottet, aber es machte sich nichts mehr daraus und dachte immer nur an das, was Christkindlein ihm versprochen hatte. Bald war an dem Apfel- und Birnbaum kein Blättchen mehr zu sehen, die Eiche und Buche streckten ihre nackten Arme zum Himmel empor und froren erbärmlich, aber es half nichts – es war eben Winter, und sie mussten sich von dem kalten Nordwind nach allen Seiten hin und her zausen lassen. Unser Tannenbäumchen hielt sich wacker, es blieb so grün und frisch wie im Sommer und wartete in Geduld, bis seine Zeit käme.

Auf einmal, in einer langen dunklen Nacht, da ward es wieder ganz hell und licht, und der schöne Engel stand wieder neben dem Bäumchen und sagte: ›Ich bin da, um mein Wort zu halten. Nun sollst du einmal sehen!‹

Neben dem Christkind im Schatten stand Nikolaus, der hielt seinen großen Sack mit beiden Händen auseinander, und Christkind griff hinein und wieder hinein und überschüttete das Bäumchen mit goldnen Nüssen und Äpfeln, mit köstlichem Zuckerwerk, mit Rosinen und Mandeln, mit funkelnden Perlen und silbernen Sternen, so dass es schöner und bunter glänzte und prangte als je ein Baum zuvor.

Dann steckte der Nikolaus brennende Kerzchen an die Zweige der Tanne, da leuchtete sie fast so helle wie die Sternlein an dem dunklen Nachthimmel über ihr. Wie nun alles fertig war, klingelte Christkind laut und lange mit seiner silbernen Schelle, dass alle Bäume und Sträucher ringsumher aufwachten, sich verwundert umsahen und nicht wussten, woher auf einmal all der Glanz und die Pracht kam.

›Seht hierher, ihr Necker und Spötter!‹ rief nun Christkind mit lauter Stimme, ›der herrlich geschmückte Baum vor euch, das ist das Tannenbäumchen, welches ihr ausgespottet und gekränkt habt, und das nun schöner ist als je einer von euch gewesen. Jetzt nehme ich es mit mir, wohin ihr niemals kommt, in warme, geschmückte, helle Stuben und zu fröhlichen Menschen. Alt und jung wird sich an seinem Anblick erfreuen, und die Kinder werden es am liebsten von allen Bäumen haben!‹

Damit nahm Christkindchen das Bäumchen in die Hand, breitete seine Flügel aus, und fort war es, ehe sich die erstaunten Bäume ein wenig von ihrer Verwunderung erholen konnten. Ganz verdutzt blickten sie dem hellen Streifen nach, bis er im Dunkel entschwand, und nickten dann verdrossen und kopfschüttelnd wieder ein.

Wohin aber Christkind das Tannenbäumchen trug, das brauche ich euch nicht zu sagen, das wissen alle artigen Kinder, die zu Weihnachten eins bekommen.

Nun esset ihr zwar sehr gern frische Kirschen und süße Birnen, gebratne Äpfel und Pflaumenmus; wenn ich euch aber jetzt frage, welcher Baum ist euch der liebste von allen, was werdet ihr sagen?«

Da riefen Georg und Mathildchen jubelnd und wie aus einem Munde und alle Kinder rufen es mit ihnen: »Das Tannenbäumchen! Das Tannenbäumchen!«

LUISE BÜCHNER

Das kleine Mädchen mit den Schwefelhölzern

Es war entsetzlich kalt; es schneite, und der Abend dunkelte bereits; es war der letzte Abend im Jahre, Silvesterabend. In dieser Kälte und in dieser Finsternis ging auf der Straße ein kleines armes Mädchen mit bloßen Kopfe und nackten Füßen. Es hatte wohl freilich Pantoffel angehabt, als es von Hause fortging, aber was konnte das helfen! Es waren sehr große Pantoffeln, sie waren früher von seiner Mutter gebraucht worden, so groß waren sie, und diese hatte die Kleine verloren, als sie über die Straße eilte, während zwei Wagen in rasender Eile vorüberjagten; der eine Pantoffel war nicht wiederaufzufinden und mit dem anderen machte sich ein Knabe aus dem Staube, welcher versprach, ihn als Wiege zu benutzen, wenn er einmal Kinder bekäme.

Da ging nun das kleine Mädchen auf den nackten zierlichen Füßchen, die vor Kälte ganz rot und blau waren. In ihrer alten Schürze trug sie eine Menge Schwefelhölzer und ein Bund hielt sie in der Hand. Während des ganzen Tages hatte ihr niemand etwas abgekauft, niemand ein Almosen gereicht. Hungrig und frostig schleppte sich die arme Kleine weiter und sah schon ganz verzagt und eingeschüchtert aus. Die Schneeflocken fielen auf ihr langes blondes Haar, das schön gelockt über ihren Nacken hinabfloss, aber bei diesem Schmucke weilten ihre Gedanken wahrlich nicht. Aus allen Fenstern strahlte heller Lichterglanz und über alle Straßen verbreitete sich der Geruch von köstlichem Gänsebraten. Es war ja Silvesterabend, und dieser Gedanke erfüllte alle Sinne des kleinen Mädchens.

In einem Winkel zwischen zwei Häusern, von denen das eine etwas weiter in die Straße vorsprang als das andere, kauerte es sich nieder. Seine kleinen Beinchen hatte es unter sich gezogen, aber es fror nur noch mehr und wagte es trotzdem nicht, nach Hause zu gehen, da es noch kein Schächtelchen mit Streichhölzern verkauft, noch keinen Heller erhalten hatte. Es hätte gewiss vom Vater Schläge bekommen, und kalt war es zu Hause ja auch; sie hatten das bloße Dach gerade über sich, und der Wind pfiff schneidend hinein, obgleich Stroh und Lumpen in die größten Ritzen gestopft waren.

Ach, wie gut musste ein Schwefelhölzchen tun! Wenn es nur wagen dürfte, eins aus dem Schächtelchen herauszunehmen, es gegen die Wand zu streichen und die Finger daran zu wärmen! Endlich zog das Kind eins heraus. Ritsch! wie sprühte es, wie brannte es. Das Schwefelholz strahlte eine warme helle Flamme aus, wie ein kleines Licht, als es das Händchen um dasselbe hielt. Es war ein merkwürdiges Licht; es kam dem kleinen Mädchen vor, als säße es vor einem großen eisernen Ofen mit Messingbeschlägen und Messingverzierungen; das Feuer brannte so schön und wärmte so wohltuend! Die Kleine streckte schon die Füße aus, um auch diese zu wärmen – da erlosch die Flamme. Der Ofen verschwand – sie saß mit einem Stümpchen des ausgebrannten Schwefelholzes in der Hand da.

Ein neues wurde angestrichen, es brannte, es leuchtete, und an der Stelle der Mauer, auf welche der Schein fiel, wurde sie durchsichtig wie ein Flor. Die Kleine sah gerade in die Stube hinein, wo der Tisch mit einem blendend weißen Tischtuch und feinem Porzellan gedeckt stand, und köstlich dampfte die mit Pflaumen und Äpfeln gefüllte, gebratene Gans darauf. Und was noch herrlicher war, die Gans sprang aus der Schüssel und watschelte mit Gabel und Messer im Rücken über den Fußboden hin; gerade die Richtung auf das arme Mädchen schlug sie ein. Da erlosch das Schwefelholz, und nur die dicke kalte Mauer war zu sehen.

Sie zündete ein neues an. Da saß die Kleine unter dem herrlichsten Weihnachtsbaum; er war noch größer und weit reicher ausgeputzt als der, den sie am Heiligabend bei dem reichen Kaufmann durch die Glastür gesehen hatte. Tausende von Lichtern brannten auf den grünen Zweigen, und bunte Bilder, wie die, welche in den Ladenfenstern ausgestellt werden, schauten auf sie hernieder, die Kleine streckte beide

Hände nach ihnen in die Höhe – da erlosch das Schwefelholz. Die vielen Weihnachtslichter stiegen höher und höher, und sie sah jetzt erst, dass es die hellen Sterne waren. Einer von ihnen fiel herab und zog einen langen Feuerstreifen über den Himmel.

»Jetzt stirbt jemand!« sagte die Kleine, denn die alte Großmutter, die sie allein freundlich behandelt hatte, jetzt aber längst tot war, hatte gesagt: »Wenn ein Stern fällt, steigt eine Seele zu Gott empor!«

Sie strich wieder ein Schwefelholz gegen die Mauer; es warf einen weiten Lichtschein ringsumher, und im Glanze desselben stand die alte Großmutter hell beleuchtet mild und freundlich da.

»Großmutter!« rief die Kleine, »oh, nimm mich mit dir! Ich weiß, dass du verschwindest, sobald das Schwefelholz ausgeht, verschwindest wie der warme Kachelofen, der köstliche Gänsebraten und der große flimmernde Weihnachtsbaum!« Schnell strich sie den ganzen Rest der Schwefelhölzer an, die sich noch im Schächtelchen befanden, sie wollte die Großmutter festhalten; und die Schwefelhölzer verbreiteten einen solchen Glanz, dass es heller war als am lichten Tag. So schön, so groß war die Großmutter nie gewesen; sie nahm das kleine Mädchen auf ihren Arm, und hoch schwebten sie empor in Glanz und Freude; Kälte, Hunger und Angst wichen von ihm – sie war bei Gott.

Aber im Winkel am Hause saß in der kalten Morgenstunde das kleine Mädchen mit roten Wangen, mit Lächeln um den Mund – tot, erfroren am letzten Tage des alten Jahres. Der Morgen des neuen Jahres ging über der kleinen Leiche auf, die mit den Schwefelhölzern, wovon fast ein Schächtelchen verbrannt war, dasaß. »Sie hat sich wärmen wollen!« sagte man. Niemand wusste, was sie Schönes gesehen hatte, in welchem Glanze sie mit der alten Großmutter zur Neujahrsfreude eingegangen war.

HANS CHRISTIAN ANDERSEN

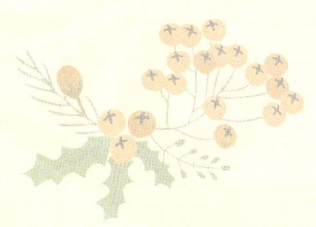

Der allererste Weihnachtsbaum

Der Weihnachtsmann ging durch den Wald. Er war ärgerlich. Sein weißer Spitz, der sonst immer lustig bellend vor ihm auf lief, merkte das und schlich hinter seinem Herrn mit eingezogener Rute her.

Er hatte nämlich nicht mehr die rechte Freude an seiner Tätigkeit. Es war alle Jahre dasselbe. Es war kein Schwung in der Sache. Spielzeug und Esswaren, das war auf die Dauer nichts. Die Kinder freuten sich wohl darüber, aber quieken sollten sie und jubeln und singen, so wollte er es, das taten sie aber nur selten. Den ganzen Dezembermonat hatte der Weihnachtsmann schon darüber nachgegrübelt, was er wohl Neues erfinden könne, um einmal wieder eine rechte Weihnachtsfreude in die Kinderwelt zu bringen, eine Weihnachtsfreude, an der auch die Großen teilnehmen würden. Kostbarkeiten durften es auch nicht sein, denn er hatte so und soviel auszugeben und mehr nicht.

So stapfte er denn auch durch den verschneiten Wald, bis er auf der Kreuzung war, dort wollte er das Christkindchen treffen. Mit der beriet er sich nämlich immer über die Verteilung der Gaben.

Schon von weitem sah er, dass das Christkindchen da war, denn ein heller Schein war dort. Das Christkindchen hatte ein langes, weißes Pelzkleidchen an und lachte über das ganze Gesicht. Denn um es herum lagen große Bündel Kleeheu und Bohnenstiegen und Espen- und Weidenzweige, und daran taten sich die hungrigen Hirsche und Rehe und Hasen gütlich. Sogar für die Sauen gab es etwas, Kastanien, Eicheln und Rüben.

Der Weihnachtsmann nahm seinen Wolkenschieber ab und bot dem Christkindchen die Tageszeit. »Na, Alterchen, wie geht's?« fragte das Christkind, »hast wohl schlechte Laune?« Damit hakte es den Alten unter und ging mit ihm. Hinter ihnen trabte der kleine Spitz, aber er sah gar nicht mehr betrübt aus und hielt seinen Schwanz kühn in die Luft.

»Ja«, sagte der Weihnachtsmann, »die ganze Sache macht mir so recht keinen Spaß mehr. Liegt es am Alter oder an sonst was, ich weiß nicht, ich hab' kein Fiduz mehr dazu. Das mit den Pfefferkuchen und den Äpfeln und Nüssen, das ist nichts mehr. Das essen sie auf, und dann ist das Fest vorbei. Man müsste etwas Neues erfinden, etwas, das nicht zum Essen und nicht zum Spielen ist, aber wobei Alt und Jung singt und lacht und fröhlich wird.«

Das Christkindchen nickte und machte ein nachdenkliches Gesicht; dann sagte es: »Da hast du recht, Alter, mir ist das auch schon aufgefallen. Ich habe daran auch schon gedacht, aber das ist nicht so leicht.«

»Das ist es ja gerade«, knurrte der Weihnachtsmann, »ich bin zu alt und zu dumm dazu. Ich habe schon richtiges Kopfweh von dem ganzen Nachdenken, und es fällt mir doch nichts Vernünftiges ein. Wenn es so weiter geht, schläft allmählich die ganze Sache ein, und es wird ein Fest wie alle anderen, vor dem die Menschen dann weiter nichts haben, als Faulenzen, Essen und Trinken.«

Nachdenklich gingen beide durch den weißen Winterwald, der Weihnachtsmann mit brummigem, das Christkindchen mit nachdenklichem Gesichte. Es war so still im Walde, kein Zweig rührte sich, nur wenn die Eule sich auf einen Ast setzte, fiel ein Stück Schneebehang mit halblautem Ton herab. So kamen die beiden, den Spitz hinter sich, aus dem hohen Holze auf einen alten Kahlschlag, auf dem große und kleine Tannen standen. Das sah nun wunderschön aus. Der Mond schien hell und klar, alle Sterne leuchteten, der Schnee sah aus wie Silber, und die Tannen standen darin, schwarz und weiß, dass es eine Pracht war. Eine fünf Fuß hohe Tanne, die allein im Vordergrunde stand, sah besonders reizend aus. Sie war regelmäßig gewachsen, hatte auf jedem Zweig einen Schneestreifen, an den Zweigspitzen kleine Eiszapfen, und glitzerte und flimmerte nur so im Mondenschein.

Das Christkindchen ließ den Arm des Weihnachtsmanns los, stieß den Alten an, zeigte auf die Tanne und sagte: »Ist das nicht wunderhübsch?«

»Ja«, sagte der Alte, »aber was hilft mir das?«

»Gib ein paar Äpfel her«, sagte das Christkindchen, »ich habe einen Gedanken.«

Der Weihnachtsmann machte ein dummes Gesicht, denn er konnte es sich nicht recht vorstellen, dass das Christkind bei der Kälte Appetit auf die eiskalten Äpfel hatte. Er hatte zwar noch einen guten alten Schnaps in seinem Dachsholster, aber den mochte er dem Christkindchen nicht anbieten.

Er machte sein Tragband ab, stellte seine riesige Kiepe in den Schnee, kramte darin herum und langte ein paar recht schöne Äpfel heraus. Dann fasste er in die Tasche, holte sein Messer heraus, wetzte es an einem Buchsstamm und reichte es dem Christkindchen. »Sieh, wie schlau du bist«, sagte das Christkindchen. »Nun schneid' mal etwas Bindfaden in zweifingerlange Stücke, und mach' mir kleine spitze Pflöckchen.«

Dem Alten kam das alles etwas ulkig vor, aber er sagte nichts und tat, was das Christkind ihm sagte. Als er die Bindfadenenden und die Pflöckchen fertig hatte, nahm das Christkind einen Apfel, steckte ein Pflöckchen hinein, band den Faden daran und hängte den an einen Ast.

»So«, sagte es dann, »nun müssen auch an die anderen welche und dabei kannst du helfen, aber vorsichtig, dass kein Schnee abfällt!«

Der Alte half, obgleich er nicht wusste, warum. Aber es machte ihm schließlich Spaß, und als die ganze kleine Tanne voll von rotbäckigen Äpfeln hing, da trat er fünf Schritte zurück, lachte und sagte: »Kiek, wie niedlich das aussieht! Aber was hat das alles für'n Zweck?«

»Braucht denn alles gleich einen Zweck zu haben?« lachte das Christkind. »Pass auf, das wird noch schöner. Nun gib mal Nüsse her!«

Der Alte krabbelte aus seiner Kiepe Walnüsse heraus und gab sie dem Christkindchen. Das steckte in jedes ein Hölzchen, machte einen Faden daran, rieb immer eine Nuss an der goldenen Oberseite seiner

Flügel, und dann war die Nuss golden, und die nächste an der silbernen Unterseite seiner Flügel, und dann hatte es eine silberne Nuss, und hing die zwischen die Äpfel.

»Was sagst nun, Alterchen?« fragte es dann, »ist das nicht allerliebst?«

»Ja«, sagte der, »aber ich weiß immer noch nicht ...«

»Kommt schon!« lachte das Christkindchen. »Hast du Lichter?«

»Lichter nicht«, meinte der Weihnachtsmann, »aber'n Wachsstock!«

»Das ist fein«, sagte das Christkind, nahm den Wachsstock, zerschnitt ihn und drehte erst ein Stück um den Mitteltrieb des Bäumchens und die anderen Stücke um die Zweigenden, bog sie hübsch gerade und sagte dann: »Feuerzeug hast du doch?«

»Gewiss«, sagte der Alte, holte Stein, Stahl und Schwammdose heraus, pinkte Feuer aus dem Stein, ließ den Zunder in der Schwammdose zum Glimmen kommen und steckte daran ein paar Schwefelspäne an. Die gab er dem Christkindchen. Das nahm einen hellbrennenden Schwefelspan und steckte damit erst das oberste Licht an, dann das nächste davon rechts, dann das gegenüberliegende, und rund um das Bäumchen gehend, brachte es so ein Licht nach dem andern zum Brennen.

Da stand nun das Bäumchen im Schnee; aus seinem halbverschneiten dunklen Gezweig sahen die roten Backen der Äpfel, die Gold- und Silbernüsse blitzten und funkelten, und die gelben Wachskerzen brannten feierlich. Das Christkindchen lachte über das ganze rosige Gesicht und klatschte in die Hände, der alte Weihnachtsmann sah gar nicht mehr so brummig aus, und der kleine weiße Spitz sprang hin und her und bellte.

Als die Lichter ein wenig heruntergebrannt waren, wehte das Christkindchen mit seinen goldsilbernen Flügeln, und da gingen die Lichter aus. Es sagte dem Weihnachtsmann, er solle das Bäumchen vorsichtig absägen. Das tat der, und dann gingen beiden den Berg hinab und nahmen das bunte Bäumchen mit.

Als sie in den Ort kamen, schlief schon alles. Beim kleinsten Hause machten die beiden Halt. Das Christkindchen machte leise die Tür auf und trat ein; der Weihnachtsmann ging hinterher. In der Stube stand ein dreibeiniger Schemel mit einer durchlochten Platte, den stellten sie auf den Tisch und steckten den Baum hinein. Der Weihnachtsmann legte dann noch allerlei schöne Dinge, Spielzeug, Kuchen, Äpfel und

Nüsse unter den Baum, und dann verließen beide das Haus ebenso leise, wie sie es betreten hatten.

Als der Mann, dem das Häuschen gehörte, am anderen Morgen erwachte und den bunten Baum sah, da staunte er und wusste nicht, was er dazu sagen sollte. Als er aber an den Türpfosten, den des Christkinds Flügel gestreift hatte, Gold- und Silberflimmer hängen sah, da wusste er Bescheid. Er steckte die Lichter an dem Bäumchen an und weckte Frau und Kinder.

Das war eine Freude in dem kleinen Hause, wie an keinem Weihnachtstage. Keines von den Kindern sah nach dem Spielzeug und nach dem Kuchen und den Äpfeln, sie sahen nur nach dem Lichterbaum. Sie fassten sich an den Händen, tanzten um den Baum und sangen alle Weihnachtslieder, die sie wussten, und selbst das Kleinste, was noch auf dem Arme getragen wurde, krähte, was es krähen konnte.

Vor dem Fenster aber standen das Christkindchen und der Weihnachtsmann und sahen lächelnd zu.

Als es helllichter Tag geworden war, da kamen die Freunde und Verwandten des Bergmanns, sahen sich das Bäumchen an, freuten sich darüber und gingen gleich in den Wald, um sich für ihre Kinder auch ein Weihnachtsbäumchen zu holen. Die anderen Leute, die das sahen, machten es nach, jeder holte sich einen Tannenbaum und putzte ihn an, der eine so, der andere so, aber Lichter, Äpfel und Nüsse hingen sie alle daran.

Als es dann Abend wurde, brannte im ganzen Dorfe Haus bei Haus ein Weihnachtsbaum, überall hörte man Weihnachtslieder und das Jubeln und Lachen der Kinder.

Von da aus ist der Weihnachtsmann über ganz Deutschland gewandert und von da über die ganze Erde. Weil aber der erste Weihnachtsbaum am Morgen brannte, so wird in manchen Gegenden den Kindern morgens beschert.

HERMANN LÖNS

Die heilige Nacht

Es war an einem Weihnachtstag, alle waren zur Kirche gefahren, außer Großmutter und mir. Ich glaube, wir beide waren im ganzen Hause allein. Wir hatten nicht mitfahren können, weil die eine zu jung und die andere zu alt war. Und alle beide waren wir betrübt, dass wir nicht zum Mettegesang fahren und die Weihnachtslichter sehen konnten. Aber wie wir so in unserer Einsamkeit saßen, fing Großmutter zu erzählen an.

»Es war einmal ein Mann«, sagte sie, »der in die dunkle Nacht hinausging, um sich Feuer zu leihen. Er ging von Haus zu Haus und klopfte an. ›Ihr lieben Leute, helft mir!‹ sagte er. ›Mein Weib hat eben ein Kindlein geboren, und ich muss Feuer anzünden, um sie und den Kleinen zu erwärmen.‹

Aber es war tiefe Nacht, so dass alle Menschen schliefen, und niemand antwortete ihm. Der Mann ging und ging. Endlich erblickte er in weiter Ferne einen Feuerschein. Da wanderte er dieser Richtung zu und sah, dass das Feuer im Freien brannte. Eine Menge weiße Schafe lagen rings um das Feuer und schliefen, und ein alter Hirt wachte über die Herde.

Als der Mann das Feuer leihen wollte und zu den Schafen kam, sah er, dass drei große Hunde zu Füßen des Hirten ruhten und schliefen. Sie erwachten alle drei bei seinem Kommen und sperrten ihre weiten Rachen auf, als ob sie bellen wollten, aber man vernahm kein Laut. Der Mann sah, dass sich die Haare auf ihrem Rücken sträubten, er sah, wie ihre scharfen Zähne funkelnd weiß im Feuerschein leuchteten und wie sie auf ihn losstürzten. Er fühlte, dass einer von ihnen nach seinen Beinen schnappte und einer nach seiner Hand, und dass einer sich an seine Kehle hängte. Aber die Kinnladen und die Zähne, mit denen die Hunde beißen wollten, gehorchten ihnen nicht, und der Mann litt nicht den kleinsten Schaden.

Nun wollte der Mann weiter gehen, um das zu finden, was er brauchte. Aber die Schafe lagen so dicht nebeneinander, Rücken an Rücken, dass er nicht vorwärts kommen konnte. Da stieg der Mann auf die Rücken der Tiere und wanderte über sie hin dem Feuer zu. Und keins von den Tieren wachte auf oder regte sich.«

So weit hatte Großmutter ungestört erzählen können, aber nun konnte ich es nicht lassen, sie zu unterbrechen. »Warum regten sie sich nicht, Großmutter?« fragte ich.

»Das wirst du nach einem Weilchen schon erfahren«, sagte Großmutter und fuhr mit ihrer Geschichte fort. »Als der Mann fast beim Feuer angelangt war, sah der Hirt auf. Es war ein alter, mürrischer Mann, der unwirsch und hart gegen alle Menschen war. Und als er einen Fremden kommen sah, griff er nach einem langen, spitzigen Stab, den er in der Hand zu halten pflegte, wenn er seine Herde hütete, und warf ihn nach ihm. Und der Stab fuhr zischend gerade auf den Mann los, aber ehe er ihn traf, wich er zur Seite und sauste an ihm vorbei weit über das Feld.«

Als Großmutter so weit gekommen war, unterbrach ich sie abermals. »Großmutter, warum wollte der Stock den Mann nicht schlagen?« Aber Großmutter ließ es sich nicht einfallen, mir zu antworten, sondern fuhr mit ihrer Erzählung fort.

»Nun kam der Mann zu dem Hirten und sagte zu ihm: ›Guter Freund, hilf mir und leih mir ein wenig Feuer. Mein Weib hat eben ein Kindlein geboren, und ich muss Feuer machen, um sie und den Kleinen zu erwärmen.‹ Der Hirt hätte am liebsten nein gesagt, aber als er daran dachte, dass die Hunde dem Manne nicht hatten schaden können, dass die Schafe nicht vor ihm davongelaufen waren und dass sein Stab ihn

nicht fällen wollte, da wurde ihm ein wenig bange, und er wagte es nicht dem Fremden das abzuschlagen, was er begehrte. ›Nimm, soviel du brauchst‹, sagte er zu dem Mann.

Aber das Feuer war beinahe ausgebrannt. Es waren keine Scheite und keine Zweige mehr übrig, sondern nur ein großer Gluthaufen, und der Fremde hatte weder Schaufel noch Eimer, worin er die roten Kohlen hätte tragen können. Als der Hirt dies sah, sagte er abermals: ›Nimm, soviel du brauchst!‹ Und er freute sich, dass der Mann kein Feuer wegtragen konnte. Aber der Mann beugte sich hinunter, holte die Kohlen mit bloßen Händen aus der Asche und legte sie in seinen Mantel. Und weder versengten die Kohlen seine Hände, als er sie berührte, noch versengten sie seinen Mantel, sondern der Mann trug sie fort, als wenn es Nüsse oder Äpfel gewesen wären.«

Aber hier wurde die Märchenerzählerin zum dritten Mal unterbrochen. »Großmutter, warum wollte die Kohle den Mann nicht brennen?«

»Das wirst du schon hören«, sagte Großmutter, und dann erzählte sie weiter. »Als dieser Hirt, der ein so böser, mürrischer Man war, dies alles sah, begann er sich bei sich selbst zu wundern: ›Was kann dies für eine Nacht sein, wo die Hunde die Schafe nicht beißen, die Schafe nicht erschrecken, die Lanze nicht tötet und das Feuer nicht brennt?‹ Er rief den Fremden zurück und sagte zu ihm: ›Was ist dies für eine Nacht? Und woher kommt es, dass alle Dinge dir Barmherzigkeit zeigen?‹ Da sagte der Mann: ›Ich kann es dir nicht sagen, wenn du selber es nicht siehst.‹ Und er wollte seiner Wege gehen, um bald ein Feuer anzünden und Weib und Kind wärmen zu können.

Aber da dachte der Hirt, er wolle dem Mann nicht ganz aus dem Gesicht verlieren, bevor er erfahren hätte, was dies alles bedeutete. Er stand auf und ging ihm nach, bis er dorthin kam, wo der Fremde daheim war. Da sah der Hirt, dass der Mann nicht einmal eine Hütte hatte, um darin zu wohnen, sondern er hatte sein Weib und sein Kind in einer Berggrotte liegen, wo es nichts gab als nackte, kalte Steinwände. Aber der Hirt dachte, dass das arme, unschuldige Kindlein vielleicht dort in der Grotte erfrieren würde, und obgleich er ein harter Mann war, wurde er davon doch ergriffen und beschloss, dem Kind zu helfen. Und er löste sein Ränzel von der Schulter und nahm daraus ein weiches, weißes Schaffell hervor. Das gab er dem fremden Mann und sagte, er möge das Kind darauf betten.

Aber in demselben Augenblick, in dem er zeigte, dass auch er barmherzig sein konnte, wurden ihm die Augen geöffnet, und er sah, was er vorher nicht hatte sehen können, und hörte, was er vorher nicht hatte hören können. Er sah, dass rund um ihn ein dichter Kreis von kleinen, silberbeflügelten Englein stand. Und jedes von ihnen hielt ein Saitenspiel in der Hand, und alle sangen sie mit lauter Stimme, dass in dieser Nacht der Heiland geboren wäre, der die Welt von ihren Sünden erlösen solle. Da begriff er, warum in dieser Nacht alle Dinge so froh waren, dass sie niemand etwas zuleide tun wollten.

Und nicht nur rings um den Hirten waren Engel, sondern er sah sie überall. Sie saßen in der Grotte, und sie saßen auf dem Berge, und sie flogen unter dem Himmel. Sie kamen in großen Scharen über den Weg gegangen, und wie sie vorbeikamen, bleiben sie stehen und warfen einen Blick auf das Kind. Es herrschte eitel Jubel und Freude und Singen und Spiel, und das alles sah er in der dunkeln Nacht, in der er früher nichts zu gewahren vermocht hatte. Und er wurde so froh, dass seine Augen geöffnet waren, dass er auf die Knie fiel und Gott dankte.«

Als Großmutter so weit gekommen war, seufzte sie und sagte: »Aber was der Hirte sah, das können wir auch sehen, denn die Engel fliegen in jeder Weihnachtsnacht unter dem Himmel, wenn wir sie nur zu gewahren vermögen.« Und dann legte Großmutter ihre Hand auf meinen Kopf und sagte: »Dies sollst du dir merken, denn es ist so wahr, wie dass ich dich sehe und du mich siehst. Nicht auf Lichter und Lampen kommt es an, und es liegt nicht an Mond und Sonne, sondern was not tut, dass wir Augen haben, die Gottes Herrlichkeit sehen können.«

SELMA LAGERLÖF

Der Tannenbaum

Draußen im Walde stand ein niedlicher kleiner Tannenbaum; er hatte einen guten Platz, die Sonne beschien ihn mit warmen Strahlen, und ringsherum wuchsen viele größere Kameraden, Tannen und Fichten. Aber dem kleinen Tannenbaum schien nichts so wichtig wie das Wachsen; er achtete nicht der warmen Sonne und der frischen Luft, er kümmerte sich nicht um die Bauernkinder, die herausgekommen waren, um Erdbeeren und Himbeeren zu sammeln.

Oft kamen sie mit einem ganzen Topf voll oder hatten Erdbeeren auf einen Strohhalm gezogen, dann setzten sie sich neben den kleinen Tannenbaum und sagten: »Wie niedlich klein der ist!«

Das mochte der Baum gar nicht hören.

Im folgenden Jahre war er ein langes Glied größer, und das Jahr darauf um noch eins, denn bei den Tannenbäumchen kann man immer an den Gliedern, die sie haben, sehen, wie viele Jahre sie gewachsen sind.

»Oh, wäre ich doch so ein großer Baum wie die andern!« seufzte das kleine Bäumchen, »dann könnte ich meine Zweige so weit umher ausbreiten und mit der Krone in die weite Welt hinausblicken! Die Vögel würden dann Nester zwischen meinen Zweigen bauen, und wenn der Wind weht, könnte ich so vornehm nicken, gerade wie die anderen dort!«

Er hatte gar keine Freude am Sonnenschein, an den Vögeln und den Wolken, die über ihn hinsegelten.

War es nun Winter und der Schnee lag ringsumher funkelnd weiß, so kam häufig ein Hase angesprungen und setzte gerade über den kleinen Baum weg. Oh, das war ärgerlich! Aber zwei Winter vergingen, und im dritten war das Bäumchen so groß, dass der Hase um dasselbe herumlaufen musste. »Oh, wachsen, wachsen, groß und alt werden, das ist doch das einzige Schöne in dieser Welt!« dachte der Baum.

Jeden Herbst kamen Holzfäller und fällten einige der größten Bäume, und dem jungen Tannenbaum, der nun ganz gut gewachsen war, schauderte dabei; denn die großen, prächtigen Bäume fielen mit Knacken und Krachen zur Erde. Die Zweige wurden abgehauen, die Bäume sahen ganz nackt, lang und schmal aus; sie waren fast nicht mehr zu erkennen. Aber dann wurden sie auf Wagen gelegt, und Pferde zogen sie davon, aus dem Wald hinaus.

Wohin sollten sie? Was stand ihnen bevor?

Im Frühjahr, als die Schwalben und Störche kamen, fragte sie der Baum: »Wisst ihr nicht, wohin sie geführt wurden? Seid ihr ihnen begegnet?«

Die Schwalben wussten nichts, aber der Storch sah nachdenklich aus, nickte mit dem Kopfe und sagte: »Ja, ich glaube wohl; mir begegneten viele neue Schiffe, als ich aus Ägypten über das Mittelmeer flog. Auf den Schiffen waren prächtige Mastbäume, ich darf annehmen, dass sie es waren; sie hatten Tannengeruch. Ich kann vielmals grüßen, sie prangen, sie prangen!«

»Oh, wäre ich doch auch groß genug, um über das Meer hinfahren zu können! Was ist das eigentlich, dieses Meer, und wie sieht es aus?«

»Ja, das ist weitläufig zu erklären!« sagte der Storch, und damit ging er.

»Freue dich deiner Jugend!« sagten die Sonnenstrahlen, »freue dich deines frischen Wachstums, des jungen Lebens, das in dir ist!«

Und der Wind küsste den Baum, und der Tau weinte Tränen über ihn, aber das verstand der Tannenbaum nicht.

Wenn es auf Weihnachten zuging, wurden ganz junge Bäume gefällt, Bäume, die oft nicht einmal so groß oder gleichen Alters wie unser Tannenbaum waren, der weder Rast noch Ruhe hatte, sondern immer davon wollte; diese jungen Bäume, und es waren gerade die allerschönsten, behielten immer alle ihre Zweige; sie wurden auf Wagen gelegt, und Pferde zogen sie von dannen zum Walde hinaus.

»Wohin sollen diese?« fragte der Tannenbaum. »Sie sind nicht größer als ich, einer ist sogar viel kleiner; weswegen behalten sie alle ihre Zweige? Wohin fahren sie?«

»Das wissen wir! Das wissen wir!« zwitscherten die Sperlinge. »Unten in der Stadt haben wir in die Fenster geschaut! Wir wissen, wohin sie fahren! Oh, sie gelangen zur größten Pracht und Herrlichkeit, die man sich denken kann. Wir haben in die Fenster gesehen und erblickt, dass sie mitten in der warmen Stube aufgepflanzt und mit den schönsten Sachen, vergoldeten Äpfeln, Honigkuchen, Spielzeug und vielen hundert Lichtern geschmückt werden.«

»Und dann?« fragte der Tannenbaum und bebte in allen Zweigen. »Und dann? Was geschieht dann?«

»Ja, mehr haben wir nicht gesehen! Das war unvergleichlich schön!«

»Ob ich wohl bestimmt bin, diesen strahlenden Weg zu betreten?« jubelte der Tannenbaum. »Das ist noch besser, als über das Meer zu ziehen! Wäre es doch erst Weihnachten! Nun bin ich hoch und entfaltet wie die anderen, die im vorigen Jahr davongeführt wurden! Oh, wäre ich erst auf dem Wagen, wäre ich doch in der warmen Stube mit all der Pracht und Herrlichkeit! Und dann? Ja, dann kommt noch etwas Besseres, noch Schöneres, warum würden sie mich sonst so schmücken? Es muss noch etwas Größeres, Herrlicheres kommen! Aber was?«

»Freue dich unser!« sagten die Luft und das Sonnenlicht. »Freue dich deines Lebens im Freien!« Aber er freute sich durchaus nicht; er wuchs und wuchs, Winter und Sommer stand er grün. Die Leute, die ihn sahen, sagten: »Das ist ein schöner Baum!« Und zur Weihnachtszeit wurde er von allen zuerst gefällt. Die Axt hieb tief durch das Mark; der Baum fiel mit einem Seufzer zu Boden, er fühlte einen Schmerz, eine Ohnmacht, er konnte gar kein Glück empfinden, er war betrübt, von der Heimat scheiden zu müssen, von dem Fleck, auf dem er emporgeschossen war; er wusste ja, dass er die lieben, alten Kameraden, die kleinen Büsche und Blumen ringsumher nie mehr sehen würde, ja vielleicht nicht einmal die Vögel. Die Abreise hatte durchaus nichts Behagliches.

Der Baum kam erst wieder zu sich selbst, als er im Hof, mit anderen Bäumen abgeladen, einen Mann sagen hörte: »Dieser hier ist prächtig! Wir brauchen nur diesen!«

Nun kamen zwei Diener in vollem Staat und trugen den Tannenbaum in einen großen, schönen Saal. Ringsherum an den Wänden hingen Bilder, und bei dem großen Kachelofen standen große chinesische

Vasen mit Löwen auf den Deckeln;
da waren seidene Sessel, große Tische voll von Bilderbüchern und
Spielzeug für hundert mal hundert
Taler, wenigstens sagten das die
Kinder. Der Tannenbaum wurde
in ein großes, mit Sand gefülltes
Fass gestellt, aber niemand konnte
sehen, dass es ein Fass war, denn
es wurde rundherum mit grünem
Zeug behängt und stand auf einem
großen, bunten Teppich. Oh, wie
der Baum bebte! Was wird da noch
vorgehen?

Die Diener und die Mädchen
schmückten ihn. An einem Zweig
hängten sie kleine Netze, aus farbi-
gem Papier ausgeschnitten, jedes
Netz war mit Zuckerwerk gefüllt; vergoldete Äpfel und Walnüsse hingen herab, als wären sie
festgewachsen, und über hundert rote, blaue und weiße kleine

Lichter wurden in den Zweigen festgesteckt. Puppen, die wie Menschen aussahen – der Baum hatte früher nie solche gesehen –, schwebten im Grünen, und hoch oben in der Spitze wurde ein Stern befestigt. Das war prächtig, ganz außerordentlich prächtig!

»Heute abend«, sagten alle, »heute abend wird er strahlen!«

Oh, dachte der Baum, wäre es doch Abend! Würden nur die Lichter bald angezündet! Und was dann wohl geschieht? Ob da auch Bäume aus dem Walde kommen, mich zu sehen, und die Sperlinge gegen die Fensterscheiben fliegen? Ob ich hier festwachse und Winter und Sommer geschmückt stehen werde? Ja, er wusste gut Bescheid, aber er hatte ordentlich Borkenschmerzen vor lauter Sehnsucht, und Borkenschmerzen sind für einen Baum ebenso schlimm wie Kopfschmerzen für uns andere.

Nun wurden die Lichter angezündet. Welcher Glanz! Welche Pracht! Der Baum bebte in allen Zweigen dabei, so dass eins der Lichter das Grüne anbrannte; es sengte ordentlich.

Nun durfte der Baum nicht einmal beben. Oh, das war ein Grauen! Ihm war bange, etwas von seinem Staat zu verlieren; er war ganz betäubt von all dem Glanz. Da gingen beide Flügeltüren auf, und eine Menge Kinder stürzte herein, als wollten sie den ganzen Baum umwerfen, die älteren Leute kamen bedächtig nach; die Kleinen standen ganz stumm, aber nur einen Augenblick, dann jubelten sie wieder, dass es laut schallte, sie tanzten um den Baum herum, und ein Geschenk nach dem andern wurde abgepflückt.

Was machen sie? dachte der Baum. Was soll geschehen? Die Lichter brannten gerade bis auf die Zweige herunter, und wo sie niederbrannten, wurden sie ausgelöscht, und dann erhielten die Kinder die Erlaubnis, den Baum zu plündern. Oh, sie stürzten auf denselben ein, dass es in allen Zweigen knackte; wäre er nicht mit der Spitze an der Decke festgemacht gewesen, so wäre er umgestürzt. Die Kinder tanzten mit ihrem prächtigen Spielzeug herum, niemand sah nach den Baum, ausgenommen das alte Kindermädchen, welches kam und zwischen die Zweige blickte, aber es geschah nur, um zu sehen, ob nicht noch eine Feige oder ein Apfel vergessen sei.

»Eine Geschichte, eine Geschichte!« riefen die Kinder und zogen einen kleinen, dicken Mann gegen den Baum hin, und er setzte sich gerade unter denselben. »Denn so sind wir im Grünen«, sagte er, »und der Baum kann besonders Nutzen davon haben, zuzuhören! Aber ich erzähle nur eine Geschichte. Wollt ihr die von Ivede-Avede oder die vom Klumpe-Dumpe hören, der die Treppen hinunterfiel und dann doch noch die Prinzessin erhielt?«

»Ivede-Avede!« schrien einige, »Klumpe-Dumpe!« schrien andere. Das war ein Rufen und Schreien! Nur der Tannenbaum schwieg ganz still und dachte: Komme ich gar nicht mit, werde ich nichts dabei zu tun haben? Er war ja mit gewesen, hatte ja geleistet, was er sollte. Der Mann erzählte von Klumpe-Dumpe, welcher die Treppen hinunterfiel und doch die Prinzessin erhielt. Die Kinder klatschten in die Hände und riefen: »Erzähle, erzähle!« Sie wollten auch die Geschichte von Ivede-Avede hören, aber sie bekamen nur die von Klumpe-Dumpe. Der Tannenbaum stand ganz stumm und gedankenvoll, nie hatten die Vögel im Walde dergleichen erzählt. Klumpe-Dumpe fiel die Treppe hinunter und

bekam doch die Prinzessin! Ja, ja, so geht es in der Welt zu! dachte der Tannenbaum und glaubte, dass es wahr sei, weil es ein so netter Mann war, der es erzählte.

Ja, ja! Vielleicht falle ich auch die Treppe hinunter und bekomme eine Prinzessin! Und er freute sich, den nächsten Tag wieder mit Lichtern und Spielzeug, Gold und Früchten aufgeputzt zu werden. Morgen werde ich nicht zittern! dachte er. Ich will mich recht aller meiner Herrlichkeit freuen. Morgen werde ich wieder die Geschichte von Klumpe-Dumpe und vielleicht auch die von Ivede-Avede hören.

Und der Baum stand die ganze Nacht still und gedankenvoll.

Am Morgen kamen die Diener und das Mädchen herein.

Nun beginnt der Staat aufs Neue! dachte der Baum; aber sie schleppten ihn zum Zimmer hinaus, die Treppe hinauf auf den Boden und stellten ihn in einen dunklen Winkel, wohin kein Tageslicht schien. Was soll das bedeuten, dachte der Baum. Was soll ich hier wohl machen? Was mag ich hier wohl hören sollen? Er lehnte sich gegen die Mauer und dachte. Er hatte Zeit genug, denn es vergingen Tage und Nächte; niemand kam herauf, und als endlich jemand kam, so geschah es, um einige große Kasten in den Winkel zu stellen; der Baum stand ganz versteckt, man musste glauben, dass er ganz vergessen war.

Es ist Winter draußen! dachte der Baum. Die Erde ist hart und mit Schnee bedeckt, die Menschen können mich nicht pflanzen; deshalb soll ich wohl bis zum Frühjahr hier zum Schutz stehen! Wäre es hier nur nicht so dunkel und schrecklich einsam! Nicht einmal ein kleiner Hase! Das war doch schön da draußen im Walde, wenn Schnee lag und der Hase vorbeisprang. Ja, selbst als er über mich hinwegsprang; aber damals mochte ich es nicht leiden. Hier oben ist es doch schrecklich einsam! »Piep, piep!« sagte da eine kleine Maus und huschte hervor; und dann kam noch eine kleine. Sie beschnüffelten den Tannenbaum und dann schlüpften sie zwischen dessen Zweige.

»Es ist eine greuliche Kälte«, sagten die kleinen Mäuse, »sonst ist hier gut sein; nicht wahr, du alter Tannenbaum?«

»Ich bin gar nicht alt!« sagte der Tannenbaum, »es gibt viele, die weit älter sind denn ich!«

»Woher kommst du«, fragten die Mäuse, »und was weißt du?« Sie waren gewaltig neugierig. »Erzähl uns doch von den schönsten Orten der Erde! Bist du dort gewesen? Bist du in der Speisekammer gewesen, wo Käse auf den Brettern liegen und Schinken unter der Decke hängen, wo man auf Talglicht tanzt, mager hineingeht und fett herauskommt?«

»Das kenne ich nicht«, sagte der Baum, »aber den Wald kenne ich, wo die Sonne scheint und die Vögel singen!« Und dann erzählte er alles aus seiner Jugend. Die kleinen Mäuse hatten früher nie dergleichen gehört, und sie horchten auf und sagten: »Wieviel du gesehen hast! Wie glücklich du gewesen bist!«

»Ich?« sagte der Tannenbaum und dachte über das, was er selbst erzählte, nach. »Ja, es waren im Grunde ganz fröhliche Zeiten!« Aber dann erzählte er vom Weihnachtsabend, wo er mit Kuchen und Lichtern geschmückt war.

»Oh«, sagten die kleinen Mäuse, »wie glücklich du gewesen bist, du alter Tannenbaum!«

»Ich bin gar nicht alt!« sagte der Baum. »Erst in diesem Winter bin ich vom Walde gekommen! Ich bin in meinem allerbesten Alter, ich bin nur so aufgeschossen!«

»Wie schön du erzählst!« sagten die kleinen Mäuse, und in der nächsten Nacht kamen sie mit vier anderen kleinen

Mäusen, die den Baum erzählen hören sollten, und je mehr er erzählte, desto deutlicher erinnerte er sich selbst an alles und dachte: Es waren doch ganz fröhliche Zeiten! Aber sie können wiederkommen! Klumpe-Dumpe fiel die Treppe hinunter und erhielt doch die Prinzessin, vielleicht kann ich auch eine Prinzessin bekommen. Und dann dachte der Tannenbaum an eine kleine niedliche Birke, die draußen im Walde wuchs, das war für den Tannenbaum eine wirklich schöne Prinzessin.

»Wer ist Klumpe-Dumpe?« fragten die kleinen Mäuse. Da erzählte der Tannenbaum das ganze Märchen, er konnte sich jedes einzelnen Wortes entsinnen. Die kleinen Mäuse waren aus lauter Freude bereit, bis an die Spitze des Baumes zu springen.

In der folgenden Nacht kamen weit mehr Mäuse, und am Sonntag sogar zwei Ratten, aber die meinten, die Geschichte sei nicht hübsch, und das betrübte die kleinen Mäuse, denn nun hielten sie auch weniger davon.

»Wissen Sie nur die eine Geschichte?« fragten die Ratten.

»Nur die eine«, antwortete der Baum, »die hörte ich an meinem glücklichsten Abend, aber damals dachte ich nicht daran, wie glücklich ich war.«

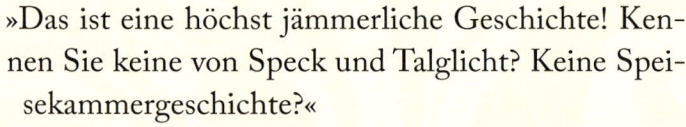

»Das ist eine höchst jämmerliche Geschichte! Kennen Sie keine von Speck und Talglicht? Keine Speisekammergeschichte?«

»Nein!« sagte der Baum.

»Ja, dann danken wir dafür!« erwiderten die Ratten und gingen zu den Ihrigen zurück.

Die kleinen Mäuse blieben zuletzt auch weg, und da seufzte der Baum: Es war doch ganz hübsch, als sie um mich herum saßen, die beweglichen kleinen Mäuse, und zuhörten, wie ich erzählte! Nun ist auch das vorbei! Aber ich werde daran denken, mich zu freuen, wenn ich wieder hervorgenommen werde.

Aber wann geschah das? Ja, das war eines Morgens, da kamen Leute und wirtschafteten auf dem Boden; die Kasten wurden weggesetzt, der Baum wurde hervorgezogen, sie warfen ihn freilich ziemlich hart gegen den Fußboden, aber ein Diener schleppte ihn gleich nach der Treppe hin, wo der Tag leuchtete.

Nun beginnt das Leben wieder! dachte der Baum; er fühlte die frische Luft, die ersten Sonnenstrahlen, und nun war er draußen im Hof. Alles ging geschwind, der Baum vergaß völlig sich selbst zu beachten, da war so vieles ringsumher zu sehen. Der Hof stieß an einen Garten, und alles blühte darin; die Rosen hingegen frisch und duftend über das kleine Gitter hinaus, die Lindenbäume blühten, und die Schwalben flogen umher und sagten: »Quirrewirrevit, mein Mann ist kommen!« Aber es war nicht der Tannenbaum, den sie meinten.

»Nun werde ich leben!« jubelte dieser und breitete seine Zweige weit aus; aber ach, die waren alle vertrocknet und gelb; und er lag da zwischen Unkraut und Nesseln. Der Stern von Goldpapier saß noch oben an der Spitze und glänzte im hellen Sonnenschein.

Im Hof selbst spielten ein paar von den Kindern, die zur Weihnachtszeit den Baum umtanzt hatten und so froh über ihn gewesen waren. Eins der kleinsten lief hin und riss den Goldstern ab.

»Sieh, was da noch an dem hässlichen, alten Tannenbaum sitzt!« sagte es, und trat auf die Zweige, so dass sie unter seinen Stiefeln knackten.

Der Baum sah auf all die Blumenpracht und Frische im Garten, er betrachtete sich selbst und wünschte, dass er in seinem dunklen Winkel auf dem Boden geblieben wäre; er gedachte seines freien Lebens im Wald, des lustigen Weihnachtsabends und der kleinen Mäuse, die so munter die Geschichte von Klumpe-Dumpe angehört hatten.

»Vorbei, vorbei!« sagte der arme Baum. »Hätte ich mich doch gefreut, als ich es noch konnte! Vorbei, vorbei!«

Der Diener kam und hieb den Baum in kleine Stücke, ein ganzes Bund lag da; hell flackerte es auf unter dem großen Braukessel. Der Baum seufzte tief, und jeder Seufzer war einem kleinen Schusse gleich; deshalb liefen die Kinder, die da spielten, herbei und setzten sich vor das Feuer, blickten hinein und riefen: »Piff, paff!« Aber bei jedem Knall, der ein tiefer Seufzer war, dachte der Baum an einen Sommerabend im Walde oder an eine Winternacht da draußen, wenn die Sterne funkelten; er dachte an den Weihnachtsabend und an Klumpe-Dumpe, das einzige Märchen, welches er gehört hatte und zu erzählen wusste - und dann war der Baum verbrannt.

Die Jungen spielten im Garten, und der kleinste hatte den Goldstern auf der Brust, den der Baum an seinem glücklichsten Abend getragen hatte; nun war der vorbei, und mit dem Baum war es auch zu Ende und mit der Geschichte auch, und so geht es mit allen Geschichten!

HANS CHRISTIAN ANDERSEN

Anhang

Register

Die Gedichte

Die Geschichten

Die Lieder

Die Rezepte

Eine unvergessliche Reise
in das Land der Kindheit

Können Sie noch Gedichte wie die komischen Heinzelmännchen aufsagen oder Lieder wie *Weißt du, wieviel Sternlein stehen* singen? Ihr Kind in den Schlaf wiegen, wie es vielleicht Ihre Großmutter getan hat?

Wissen Sie noch, wie sie gehen, die alten Kinderspiele und Neckmärchen, die einfachen Zauberkunststücke, Ringelreihen und Figuren des Schattentheaters?

Könnten Sie, wenn's drauf ankäme, einen Drachen bauen, ein Lebkuchenhaus oder eine einfache Martinslaterne?

Dieses nostalgisch schön gestaltete Buch verführt zu einer Entdeckungsreise in die wunderbare Kinderwelt von damals.

Ein fabelhaftes Hausbuch für Kinder und Erwachsene und ein wahrer Familienschatz für Jung und Alt.

»In diesem herrlich nostalgisch gestalteten Band mit vielen Noten, Texten, Bildern steht alles drin, was Jahrzehnte überdauert hat und vielleicht jetzt zu verschwinden droht. Ein liebevolles Hausbuch für die ganze Familie.«
Elke Heidenreich, WDR

»Ein Erinnerungsschatz, der fast vergessene Wunder lebendig werden lässt.«
Angela Wittmann, BRIGITTE

»Eine Augenweide! Das Beste an *Rote Kirschen ess ich gern*: Dieser Wissensschatz weckt alte Erinnerungen. Da können wir uns ganz schön was abschauen.«
BRIGITTE MOM

Wenn Ihnen dieses Buch gefallen hat,
werden Sie sich auch in das
Allerschönste Kinderbuch
verlieben!

ISBN 978-3-85179-306-2

FRÖHLICHE WEIHNACHT ÜBERALL

Das allerschönste Weihnachtsbuch

Herausgegeben von Johannes Thiele
Gestaltet von Julia Jonas
Gedruckt von Theiss
Erschienen im Thiele Verlag

ISBN 978-3-85179-326-0

www.thiele-verlag.com